Deivede Eder Ferreira

FREUD EXPLICADO:
Fundamentos da Psicanálise

FREUD EXPLICADO: FUNDAMENTOS DA PSICANÁLISE

First edition. December 27, 2025.

ISBN: 979-8232262235

Written by Deivede Eder Ferreira.

Table of Contents

Índice

Capítulo 1: Freud e o nascimento da psicanálise

Para compreender a gênese da psicanálise, é indispensável situarmo-nos não apenas na biografia de seu fundador, mas na densa atmosfera intelectual, científica e social que caracterizava a Europa do final do século XIX. A Viena fin de siècle, capital do Império Austro-Húngaro, não serviu apenas como pano de fundo geográfico para as investigações de Sigmund Freud; ela foi o solo fértil e contraditório onde as sementes da teoria psicanalítica puderam germinar. A cidade era um caldeirão de efervescência cultural e decadência política, onde o progresso das ciências naturais convivia com uma moralidade rígida e, paradoxalmente, com uma explosão de criatividade nas artes e na filosofia.

O cenário científico da época era dominado pelo positivismo e pelo materialismo. A medicina, em particular a neurologia, buscava consolidar-se como uma disciplina rigorosa, afastando-se de qualquer especulação metafísica. O ideal científico, herdado do Iluminismo e fortalecido pelos avanços da física e da fisiologia, ditava que todos os fenômenos, inclusive os humanos, deveriam ser explicados por leis naturais observáveis e quantificáveis. Havia uma crença inabalável de que o universo funcionava como uma máquina complexa, e o corpo humano não era exceção. A escola de medicina de Viena, onde Freud se formou, era um baluarte dessa visão organicista.

Sob a influência de figuras eminentes como Ernst Wilhelm von Brücke, um dos mestres mais respeitados por Freud, imperava o dogma de que não existiam outras forças ativas no organismo além das forças físico-químicas comuns à matéria. Para a psiquiatria da época, isso implicava uma consequência direta e limitante: toda doença mental deveria ter, obrigatoriamente, uma causa orgânica, uma lesão anatômica no cérebro. Se o sofrimento de um paciente não pudesse ser rastreado até uma disfunção celular ou nervosa visível, ele corria o risco de ser considerado inexistente, fruto de simulação ou de uma fraqueza moral desprezível.

Foi exatamente nas margens desse edifício científico monumental que a psicanálise encontrou sua brecha de entrada. A medicina acadêmica, com todo o seu aparato tecnológico e conceitual, mostrava-se impotente diante das chamadas neuroses, especialmente a histeria. Os sintomas histéricos — paralisias sem lesão nervosa, cegueiras sem dano ocular, perdas de fala sem causa fisiológica — desafiavam a lógica anátomo-clínica. Esses pacientes, em sua maioria mulheres, apresentavam um corpo que falava através de enigmas, recusando-se a obedecer à geografia da anatomia convencional.

Nesse contexto, a impotência da medicina tradicional gerava um vácuo explicativo. O positivismo, ao reduzir o sujeito ao seu organismo biológico, deixava de fora a dimensão subjetiva do sofrimento. Freud, inicialmente um neurologista treinado para buscar lesões nos tecidos nervosos, viu-se confrontado com a realidade clínica de que os sintomas possuíam um sentido, uma lógica própria que escapava ao microscópio. O nascimento da psicanálise, portanto, surge de uma crise do paradigma científico vigente: era necessário fundar uma nova ciência que pudesse escutar o que a medicina silenciava.

Entretanto, o contexto histórico não se resumia apenas aos impasses dos laboratórios e hospitais. A dimensão cultural e social desempenhou um papel igualmente determinante. A sociedade vitoriana, cujos valores se estendiam por toda a Europa central, caracterizava-se por uma repressão severa dos instintos, particularmente da sexualidade. Havia uma dicotomia acentuada entre a vida pública, regida por normas de conduta estritas, decoro e racionalidade, e a vida privada, onde se escondiam os segredos familiares e as pulsões inconfessáveis.

Essa moralidade de dupla face criava uma pressão psíquica insustentável. A civilização exigia do indivíduo um sacrifício pulsional elevado em nome da ordem social e do progresso. A sexualidade, longe de ser um assunto trivial ou natural, era cercada de tabus, silêncios e interdições. Para as mulheres da classe burguesa, destinadas ao papel de esposas e mães idealizadas, a ignorância sexual era frequentemente cultivada como virtude, enquanto seus desejos eram sistematicamente sufocados. Não é coincidência que a histeria tenha se tornado a enfermidade emblemática desse período; ela era, em certa medida, o grito do corpo contra a mordaça da cultura.

Além disso, o final do século XIX foi marcado por um sentimento difuso de mal-estar e incerteza, muitas vezes referido como o nervosismo moderno. O rápido processo de industrialização, a urbanização acelerada e a transformação dos modos de vida tradicionais geraram novas formas de angústia. A figura do neurastênico, o indivíduo exaurido pelas demandas da vida moderna, tornou-se comum. A psicanálise emergiu, assim, como uma resposta a essa modernidade que adoecia os homens ao afastá-los de sua natureza instintiva, ao mesmo tempo em que lhes prometia um domínio racional sobre o mundo que eles não conseguiam exercer sobre si mesmos.

É importante notar também que, embora Freud tenha buscado estabelecer a psicanálise como uma ciência natural, o clima intelectual de sua época já flertava com a ideia de que a razão humana não era a senhora absoluta em sua própria casa. Na filosofia, pensadores como Arthur Schopenhauer e Friedrich Nietzsche já haviam antecipado, de maneira especulativa, a existência de forças irracionais e volitivas que governavam o comportamento humano, subjacentes à fina camada da consciência. Embora Freud insistisse em sua independência intelectual e evitasse a leitura excessiva desses filósofos para não contaminar suas observações clínicas, as ideias sobre a vontade e o incontrolável estavam, por assim dizer, no ar.

A literatura da época também refletia essa descida aos infernos da alma humana. Autores como Dostoiévski e Schnitzler exploravam as complexidades psicológicas, os duplos, e as motivações obscuras de seus personagens. A Viena de Freud era a mesma Viena que via nascer o modernismo na arte com Gustav Klimt, que desnudava a sensualidade e a morte, rompendo com o academicismo clássico. Havia um movimento geral de desvelamento, uma busca por verdades que não estavam na superfície polida das aparências sociais.

Portanto, o nascimento da psicanálise não foi um evento isolado ou a invenção ex nihilo de um gênio solitário. Foi o resultado do encontro entre um observador rigoroso e corajoso e um momento histórico de ruptura. Freud estava posicionado na fronteira exata entre duas eras: herdou o rigor metodológico e a ambição científica do século XIX, mas aplicou-os a um objeto de estudo que definiria o século XX — a subjetividade irracional.

O rompimento com a psicologia da consciência, que abordaremos em detalhes mais adiante, só foi possível porque as condições históricas haviam levado a contradição humana ao seu paroxismo. A crença na racionalidade plena do sujeito estava ruindo diante da evidência clínica das neuroses e da evidência social da hipocrisia moral. Freud teve a ousadia de não recuar diante desse abismo. Onde seus contemporâneos viam degeneração ou falta de sentido, ele viu uma estrutura a ser decifrada.

Assim, o contexto cultural da psicanálise é marcado por uma tensão fundamental: de um lado, a luz da razão científica que prometia explicar tudo; do outro, a sombra das pulsões e do desejo que resistia a qualquer explicação simplista. A psicanálise nasce como uma tentativa de lançar luz sobre essa sombra sem dissolvê-la, de dar voz ao sofrimento mudo dos sintomas e de reconhecer que a civilização, com todas as suas conquistas, cobra um preço alto na economia psíquica de cada indivíduo. Ao historicizar o surgimento dessa disciplina, percebemos que ela é, simultaneamente, filha de seu tempo e uma crítica radical às ilusões que aquele tempo sustentava sobre a natureza humana.

A trajetória intelectual de Sigmund Freud é marcada por um desvio fundamental, uma mudança de rota que transformou um neurologista promissor, devoto das ciências naturais, no criador de uma disciplina que subverteria os próprios alicerces do conhecimento sobre o humano. Para compreender a psicanálise, é preciso reconhecer que ela não nasceu de uma intuição mística, mas da frustração rigorosa de um homem de ciência diante dos limites de suas ferramentas. A formação de Freud foi, antes de tudo, a construção de uma armadura racionalista que ele seria forçado a despir, peça por peça, para conseguir escutar seus pacientes.

Nascido em 1856, de uma família judaica na Morávia e transferido para Viena ainda na infância, Freud carregava a marca do outsider. Essa posição de marginalidade, exacerbada pelo antissemitismo latente e por vezes explícito da academia vienense, forjou nele uma independência de espírito e uma resistência à crítica que seriam vitais para suportar a hostilidade futura contra suas teorias. No entanto, sua ambição inicial não era a prática clínica. Freud era movido por uma curiosidade voraz sobre a natureza, uma pulsão de saber que, em seus primeiros anos, buscou saciar através da biologia e da fisiologia.

O jovem estudante de medicina encontrou seu porto seguro intelectual no Instituto de Fisiologia de Viena, sob a tutela de Ernst Wilhelm von Brücke, figura que já mencionamos como o representante máximo do fisicalismo. Nos laboratórios de Brücke, Freud passou anos dissecando enguias e estudando a anatomia do sistema nervoso, imerso em um ambiente que pregava a redução de todos os fenômenos vitais a forças físico-químicas. Esse período, frequentemente negligenciado em leituras superficiais, é crucial: foi ali que Freud aprendeu o método, a disciplina da observação detalhada e a crença inabalável no determinismo. A psicanálise herdaria essa convicção de que nada na mente acontece por acaso; se no laboratório cada reação química tinha uma causa, na vida psíquica cada pensamento, sonho ou lapso também deveria ter. Freud nunca abandonou o determinismo de Brücke; ele apenas deslocou a causalidade da anatomia para o psiquismo.

Contudo, as necessidades materiais e as barreiras institucionais impostas aos judeus para alcançar posições de destaque na carreira acadêmica pura empurraram Freud para a prática médica privada. Foi com relutância que ele se tornou médico de nervos. Essa transição forçada o colocou diante da realidade clínica que a teoria fisiológica não conseguia abarcar.

O ponto de virada decisivo nessa formação ocorreu em 1885, quando Freud obteve uma bolsa de estudos para viajar a Paris e estagiar no hospital da Salpêtrière, sob a direção de Jean-Martin Charcot. O impacto de Charcot sobre Freud foi avassalador. O neurologista francês era uma celebridade científica, conhecido como o Napoleão das neuroses, e tratava a histeria com uma seriedade que contrastava radicalmente com o desprezo vienense. Charcot demonstrou visualmente, através de apresentações clínicas quase teatrais, que os sintomas histéricos seguiam leis e padrões regulares, não sendo fruto de simulação. Mais importante ainda, Charcot utilizava a hipnose experimental para provar que paralisias e sintomas poderiam ser induzidos e removidos artificialmente através de sugestão verbal.

A lição de Paris foi perturbadora para o jovem vienense: se uma ideia implantada por hipnose poderia causar uma paralisia física, então a causa do sintoma não estava no tecido nervoso, mas em uma representação psíquica. O corpo sofria por causa de uma ideia. Charcot abriu os olhos de Freud para a etiologia psicogênica, ou seja, a origem psicológica das doenças nervosas. Embora Charcot permanecesse um neurologista clássico que acreditava na degeneração hereditária como causa última, ele forneceu a Freud a autorização para levar a histeria a sério. Freud retornou a Viena transformado, trazendo na bagagem a semente do que viria a ser o conceito de trauma psíquico, embora a comunidade médica local tenha recebido seus relatos com ceticismo e frieza.

De volta a Viena, isolado de seus pares acadêmicos, Freud encontrou em Josef Breuer não apenas um mentor e protetor, mas um colaborador essencial. Breuer, um médico respeitado e com inclinações científicas semelhantes, havia tratado anos antes uma paciente conhecida pelo pseudônimo de Anna O., cujo caso se tornaria a célula-tronco da psicanálise. Bertha Pappenheim (o nome real de Anna O.) sofria de uma histeria grave, com paralisias, distúrbios de visão e desorganização da fala. Breuer descobriu, quase por acaso e guiado pela própria paciente, que os sintomas desapareciam quando ela conseguia narrar, sob estado hipnóide, a situação original onde o sintoma havia aparecido pela primeira vez, geralmente acompanhada de uma forte carga emocional reprimida.

Anna O. batizou o procedimento de cura pela fala (talking cure) ou limpeza de chaminé. Para Freud, o relato de Breuer foi a peça que faltava no quebra-cabeça iniciado com Charcot. Se Charcot mostrou que ideias podiam causar sintomas, Breuer mostrou que palavras podiam dissolvê-los. A colaboração entre os dois culminou na publicação dos Estudos sobre a Histeria, em 1895. Nessa obra, eles propuseram que o histérico sofre de reminiscências. O trauma não era uma lesão física, mas uma memória carregada de afeto que não havia sido processada (abreagida) e que, por ter sido banida da consciência, permanecia ativa como um corpo estranho interno, convertendo-se em sintoma corporal.

A influência de Breuer foi, portanto, a ponte entre a observação passiva e a intervenção terapêutica. No entanto, a formação de Freud também bebeu de fontes filosóficas, ainda que ele tentasse ocultá-las para preservar a aura científica de sua criação. Durante a universidade, Freud frequentou os cursos de Franz Brentano, filósofo que defendia a intencionalidade da consciência — a ideia de que a consciência é sempre consciência de algo. Embora Freud viesse a romper com a equiparação entre psiquismo e consciência, a ideia de que os processos mentais são dirigidos a objetos e possuem um sentido intrínseco ecoa na forma como a psicanálise interpreta o desejo.

É fundamental notar que, até o final da década de 1890, Freud ainda tentava conciliar suas descobertas clínicas com sua formação neurológica. Ele chegou a escrever um manuscrito, hoje conhecido como Projeto de uma Psicologia, onde tentava descrever o funcionamento mental, incluindo a memória e o desejo, inteiramente em termos de neurônios e quantidades de energia nervosa. O fracasso desse projeto foi libertador. Ao perceber que a anatomia cerebral da época não podia explicar os fenômenos complexos da defesa e do recalque, Freud abandonou a neurologia especulativa e decidiu fundar uma psicologia pura, baseada não na localização cerebral, mas na dinâmica de forças psíquicas.

Assim, a formação de Freud é um amálgama de influências contraditórias: o rigor metodológico de Brücke, a nosologia visual de Charcot e a escuta clínica de Breuer. Ele utilizou o treinamento do laboratório para investigar o que o laboratório rejeitava. Sua genialidade não residiu apenas em absorver esses conhecimentos, mas na coragem de ultrapassá-los. Ele rompeu com Brücke ao aceitar causas não materiais; rompeu com Charcot ao buscar a escuta individual e não apenas a classificação universal; e eventualmente romperia com Breuer ao perceber que a raiz das neuroses não era apenas traumática, mas essencialmente sexual e conflitiva.

Freud não descobriu o inconsciente sozinho; poetas e filósofos já haviam navegado por essas águas. O que Freud fez, munido dessa formação singular, foi criar um método para investigar esse território de forma sistemática. Ele transformou a intuição romântica sobre o lado sombrio da alma em um objeto de trabalho clínico. A passagem da neurologia para a psicologia não foi suave; foi uma crise criativa que exigiu dele o abandono das certezas tangíveis da medicina em favor de uma aposta na realidade invisível da vida psíquica. É a partir desse solo híbrido, fertilizado pela ciência natural e pela escuta do sofrimento humano, que se tornou possível o rompimento definitivo com a psicologia da consciência.

A transição da neurologia para a psicologia, iniciada pelas experiências com Charcot e a colaboração com Breuer, não se resumiu a uma simples mudança de objeto de estudo. Ela exigiu de Freud um ato de audácia intelectual que viria a redefinir a imagem que o ser humano faz de si mesmo: o rompimento definitivo com a psicologia da consciência. Até o final do século XIX, a psicologia acadêmica e a filosofia dominante operavam sob uma premissa quase inquestionável, herdada da tradição cartesiana: a de que o psíquico e o consciente eram equivalentes. Dizer que algo era mental significava, automaticamente, dizer que o sujeito tinha ciência disso. A mente era vista como um território iluminado pela razão, onde tudo o que ocorria era transparente ao próprio indivíduo. Se algo não estava na consciência, pertencia ao domínio da fisiologia, do corpo, mas não da psicologia.

Freud, no entanto, viu-se encurralado pelos fatos clínicos. Ao escutar as pacientes histéricas, ao analisar os atos falhos, os esquecimentos de nomes e, posteriormente, os sonhos, ele deparou-se com fenômenos que possuíam inegável sentido psíquico, mas que eram desconhecidos pelo próprio sujeito que os produzia. A equação psíquico igual a consciente tornava-se insustentável diante da evidência de que pensamentos, desejos e memórias podiam ser ativos, produzir efeitos e causar sofrimento sem que o indivíduo tivesse a menor notícia deles. Manter a fidelidade à velha psicologia da consciência exigiria ignorar a realidade do sintoma; para salvar o sentido do sintoma, Freud precisou sacrificar a soberania da consciência.

Esse rompimento não ocorreu de forma abrupta, mas foi uma consequência lógica do abandono da hipnose e da adoção da técnica da associação livre. Enquanto trabalhava com a hipnose, Freud podia contornar a consciência do paciente para acessar as memórias traumáticas, como quem entra em uma casa pelos fundos. No entanto, ao perceber as limitações da hipnose — nem todos eram hipnotizáveis e as curas muitas vezes eram temporárias —, ele passou a trabalhar com os pacientes em estado de vigília, solicitando que falassem livremente. Foi nesse momento que ele colidiu com uma barreira formidável: a resistência.

Freud notou que, ao se aproximarem de certos temas dolorosos ou constrangedores, os pacientes paravam de falar, desviavam o assunto, ou simplesmente diziam que sua mente ficara em branco. Essa força que impedia a emergência da lembrança era a mesma força que, anteriormente, havia expulsado o conteúdo da consciência. Esse fenômeno clínico foi a chave para a reviravolta teórica. Se havia uma força ativa impedindo o acesso à consciência, era necessário postular um lugar psíquico para onde esses conteúdos haviam sido banidos e a partir de onde continuavam a exercer pressão. A existência da resistência provava a existência do recalque, e o recalque exigia a existência do inconsciente.

Dessa forma, o inconsciente freudiano surge não como um depósito inerte de memórias esquecidas, nem como um subconsciente místico ou romântico, mas como uma hipótese necessária e rigorosa para explicar as lacunas da consciência. Para Freud, a consciência deixou de ser a essência do psiquismo para se tornar apenas uma qualidade, e uma qualidade inconstante. Ele comparou a consciência a um órgão sensorial voltado para dentro: assim como nossos olhos percebem apenas uma fração do espectro de luz, nossa consciência percebe apenas uma fração dos processos mentais que ocorrem em nosso interior. A maior parte da vida psíquica — os julgamentos, as escolhas, os afetos e as motivações — desenrola-se nos bastidores, fora do alcance da percepção imediata.

Essa nova concepção representou um golpe severo no narcisismo humano, comparável, segundo o próprio Freud, às revoluções cosmológica de Copérnico e biológica de Darwin. Copérnico deslocou a Terra do centro do universo; Darwin deslocou o homem do centro da criação divina, inserindo-o na linhagem animal; Freud, por sua vez, deslocou o próprio Eu do centro de sua vida interior. A famosa sentença de que o eu não é senhor em sua própria casa resume esse rompimento. A psicologia da consciência pressupunha um sujeito autônomo, racional e transparente a si mesmo. A psicanálise revelou um sujeito dividido, habitado por forças desconhecidas e muitas vezes em conflito com suas intenções declaradas.

A ruptura de Freud também se distanciou das concepções filosóficas anteriores sobre o inconsciente. Filósofos como Schopenhauer e von Hartmann já haviam teorizado sobre uma vontade obscura, mas tratavam-na frequentemente como uma força metafísica ou instintiva geral. A psicologia clássica, por sua vez, admitia a existência de processos latentes, mas apenas no sentido de memórias fracas que não tinham força suficiente para cruzar o limiar da atenção. Para Freud, a distinção não era apenas de grau ou força, mas de dinâmica e estrutura. O que estava no inconsciente não estava lá simplesmente porque era fraco ou irrelevante, mas muitas vezes porque era forte demais e incompatível com a moral e a autoimagem do indivíduo, tendo sido ativamente rechaçado.

Ao postular que o psiquismo é, em sua essência, inconsciente, e que a consciência é apenas uma superfície, Freud inverteu a lógica de séculos de pensamento ocidental. Ele propôs que o verdadeiro motor da vida mental, a verdadeira realidade psíquica, reside nas pulsões e desejos que operam à revelia da nossa vontade consciente. A racionalidade, tão valorizada pela Viena científica e pelo positivismo de Brücke, revelou-se muitas vezes uma racionalização: uma tentativa tardia e muitas vezes falha do ego de dar sentido a impulsos que ele não originou e que mal compreende.

Este passo foi decisivo para a constituição da psicanálise como uma disciplina autônoma. Enquanto a psiquiatria continuava buscando lesões cerebrais e a psicologia acadêmica media tempos de reação em laboratórios, Freud inaugurava uma psicologia profunda. Ele deixou de perguntar onde no cérebro ocorre o pensamento para perguntar por que um determinado pensamento é insuportável para o sujeito. A transição da anatomia para a interpretação de sentido só foi possível porque Freud aceitou que a consciência é uma narradora não confiável da própria história. Ela é cheia de lacunas, distorções e esquecimentos que não são acidentais, mas funcionais.

O rompimento com a psicologia da consciência implicou também uma nova ética de escuta. Se o sujeito não sabe o que diz, ou diz mais do que sabe, o analista não pode se contentar com o discurso manifesto, polido e intencional. A verdade do sujeito não está no que ele quer dizer (na intenção), mas no que escapa enquanto ele fala (na falha, no lapso, no sonho). A partir desse momento, a psicanálise estabelece seu campo de atuação não na pedagogia de corrigir o pensamento errado, nem na medicina de curar o tecido doente, mas na investigação das verdades que o sujeito esconde de si mesmo para conseguir sobreviver civilizadamente.

Assim, o nascimento da psicanálise completa-se com essa ferida fundamental na autoimagem humana. Freud retira do homem a ilusão de controle total, mas oferece em troca a possibilidade de uma liberdade mais autêntica: não a liberdade da onipotência ilusória da consciência, mas a liberdade de reconhecer e integrar as partes exiladas de si mesmo. Ao declarar a falência da psicologia da consciência, Freud não destruiu a razão; ele expandiu o território da racionalidade para incluir as sombras, permitindo que, pela primeira vez, a loucura, o sonho e o desejo fossem tratados não como ruídos sem sentido, mas como textos a serem lidos. Estava preparado o terreno para a exploração detalhada desse novo continente chamado inconsciente.

Capítulo 2: O inconsciente e a lógica do desejo

Se o rompimento com a psicologia da consciência representou a ferida narcísica necessária para a fundação da psicanálise, a estruturação do conceito de inconsciente foi o ato que cicatrizou essa ferida com a promessa de um novo saber. Ao adentrarmos o terreno propriamente teórico da obra freudiana, é imperativo desfazer um equívoco comum que paira sobre o termo. Para Freud, o inconsciente não é meramente o negativo da consciência, nem um depósito passivo de tudo aquilo que esquecemos ou ignoramos. Não se trata de um sótão escuro onde empilhamos memórias em desuso. O inconsciente freudiano é, antes de tudo, um sistema positivo, dotado de leis próprias, energia específica e uma lógica de funcionamento que difere radicalmente do pensamento racional.

A grande inovação de Freud, formalizada de maneira magistral em A Interpretação dos Sonhos no ano de 1900, foi elevar o inconsciente da categoria de adjetivo para a de substantivo. Antes dele, dizer que algo era inconsciente significava apenas descrever uma qualidade momentânea: um pensamento que não estava na luz da atenção naquele instante. Freud transformou essa qualidade descritiva em uma instância psíquica sistemática. Ele propôs que o psiquismo é um aparelho composto por lugares virtuais, uma concepção que ficou conhecida como o ponto de vista topográfico. Nessa geografia da mente, o sistema Inconsciente é um território vasto e soberano, e não um subúrbio da razão.

Para compreender a natureza desse sistema, devemos abandonar as réguas com as quais medimos a realidade cotidiana. No inconsciente, as leis da lógica formal, que aprendemos a respeitar desde a infância para viver em sociedade, estão suspensas. A primeira característica fundamental desse sistema é a isenção de contradição mútua. Na vida consciente, amor e ódio são opostos; não podemos afirmar que uma porta está aberta e fechada ao mesmo tempo. No inconsciente, contudo, impulsos contraditórios coexistem lado a lado sem se anularem e sem sequer se influenciarem. O desejo de proteger uma figura de autoridade pode conviver, sem conflito lógico, com o desejo de eliminá-la. É apenas quando esses conteúdos tentam ascender à consciência que o conflito se instala, exigindo um compromisso ou a formação de um sintoma.

Outra propriedade desconcertante do inconsciente é a sua atemporalidade. Para o sistema inconsciente, o tempo cronológico não existe. As memórias não se desgastam, não envelhecem e não são ordenadas em uma linha sucessiva de passado, presente e futuro. Uma vivência traumática ocorrida aos três anos de idade mantém, trinta anos depois, a mesma vivência, o mesmo frescor e a mesma força motivadora de quando foi inscrita. O passado, na psicanálise, não é aquilo que passou; é aquilo que continua agindo. É por isso que, no tratamento analítico, o adulto pode reagir a uma frustração atual com a desamparada angústia de uma criança pequena: para o seu inconsciente, aquelas duas situações não estão separadas por décadas, mas fundidas em uma atualidade perpétua.

Além disso, o inconsciente substitui a realidade exterior pela realidade psíquica. Enquanto a consciência tem a função de nos adaptar ao mundo, testando o que é real e o que é alucinação, o inconsciente é governado exclusivamente pelo princípio do prazer. Ele busca a satisfação imediata de seus desejos e não tolera a frustração, indiferente às impossibilidades do mundo real. Se a realidade nega o objeto de desejo, o inconsciente o alucina, o cria fantasmaticamente. Isso explica a força dos sonhos e das fantasias: para o inconsciente, o que é intensamente desejado ou temido possui o valor de realidade, independentemente de ter ocorrido factualmente ou não.

É crucial notar que o conteúdo do inconsciente não é composto de instintos biológicos brutos, mas de representantes psíquicos. Freud foi cuidadoso ao não reduzir a psicologia à biologia. O que habita o inconsciente são representações — traços de memória, imagens, palavras — às quais se ligou uma carga de energia pulsional. Essas representações formam cadeias associativas complexas. Pensemos no inconsciente como uma rede ferroviária subterrânea onde os trens (as energias) circulam deslocando-se de uma estação (representação) para outra, seguindo trilhos que foram assentados pela história de vida do sujeito.

A dinâmica desse sistema é regida pelo que Freud chamou de processo primário. Diferente do processo secundário, que caracteriza o nosso pensamento vigil, lógico e verbal, o processo primário busca o escoamento livre e rápido da energia. Nesse modo de funcionamento, a energia psíquica é extremamente móvel, deslizando de uma ideia para outra através de mecanismos de deslocamento e condensação. No deslocamento, a importância de uma representação (por exemplo, o ódio pelo pai) pode se soltar e se ligar a uma ideia trivial (o medo de cavalos ou de uma figura de autoridade menor), fazendo com que o sujeito reaja a essa trivialidade com uma emoção desproporcional. Na condensação, múltiplos significados e imagens se fundem em um único elemento, como ocorre nos sonhos, onde uma única figura pode representar ao mesmo tempo a mãe, a esposa e a professora do sonhador.

Essa mobilidade e essa lógica estranha servem a um propósito econômico: a satisfação do desejo. Contudo, como vimos no capítulo anterior, o acesso direto desses conteúdos à consciência é barrado. Freud utilizou diversas metáforas para explicar essa barreira, sendo a mais célebre a de uma antessala. Imagine um grande salão de entrada onde se aglomeram diversas pessoas (os impulsos inconscientes). Adjacente a este salão, há uma sala menor, a de recepção (a consciência), onde reside o anfitrião. Na porta que comunica os dois ambientes, postula-se um guarda-costas, um censor. Esse guarda examina cada impulso que deseja passar. Se o impulso for considerado perigoso, imoral ou angustiante, sua entrada é barrada. Ele é rechaçado de volta ao salão escuro. Esse ato de barrar a entrada é o que constitui o recalcamento. O inconsciente, portanto, é povoado majoritariamente por esses "convidados indesejados" que, recusados na sala da consciência, continuam a fazer barulho na antessala, batendo nas paredes e buscando saídas alternativas.

O conceito de inconsciente freudiano encerra, assim, uma visão dinâmica da mente humana. Não somos seres unitários, mas o palco de uma luta constante entre forças que buscam se manifestar e forças que buscam contê-las. O que chamamos de "Eu" ou nossa personalidade consciente é apenas a ponta visível desse iceberg, sustentada e muitas vezes perturbada pela imensa massa submersa. Aceitar a hipótese do inconsciente exige reconhecer que há em nós um saber que não se sabe, uma inteligência que opera à revelia da nossa vontade e que determina, desde os bastidores, nossas escolhas amorosas, nossas vocações profissionais e nossos sintomas mais persistentes.

Essa concepção afasta a psicanálise de qualquer misticismo. O inconsciente não é uma alma superior ou uma conexão cósmica; é o resultado da nossa história infantil, das marcas de prazer e desprazer que ficaram inscritas em nós antes mesmo de termos palavras para nomeá-las. É um arquivo vivo e pulsante. Ao postular a existência desse sistema, Freud não apenas ofereceu uma explicação para os lapsos e os sonhos, mas forneceu a chave para compreendermos por que, tantas vezes, agimos contra nossos próprios interesses conscientes, repetindo padrões de sofrimento que juramos evitar. A lógica do inconsciente é a lógica de uma verdade subjetiva que insiste em ser ouvida, e é essa insistência, essa pressão constante em direção à superfície, que nos leva ao conceito central que anima toda essa engrenagem: o desejo.

Se o inconsciente possui uma gramática própria, como vimos, é preciso agora indagar qual é a força que movimenta essa engrenagem. O aparelho psíquico não é um mecanismo estático de armazenamento; ele é uma máquina térmica que trabalha incessantemente para processar excitações. No centro desse trabalho, encontramos dois conceitos fundamentais que frequentemente são confundidos na linguagem cotidiana, mas que exigem distinção rigorosa na teoria freudiana: o desejo e a pulsão.

Para compreender o desejo na acepção psicanalítica, devemos afastar a ideia de um simples querer consciente, como a vontade de comprar um objeto ou realizar uma viagem. O desejo freudiano, ou Wunsch, tem raízes muito mais arcaicas e está estruturalmente ligado à memória e à perda. A sua gênese remonta aos primórdios da vida do infante, naquilo que Freud descreveu como a vivência de satisfação.

Imaginemos o recém-nascido. Diante de uma tensão interna crescente — a fome, por exemplo — a criança encontra-se em estado de desamparo. Ela chora e agita-se, mas essa descarga motora não resolve a necessidade biológica. É necessária uma intervenção externa: a figura do cuidador que oferece o alimento. Esse ato não apenas sacia a fome fisiológica, mas inaugura algo na mente da criança. O alimento e a presença do outro deixam uma marca, um traço de memória associado à sensação de prazer e ao alívio da tensão.

Quando a tensão da fome ressurge, o aparelho psíquico, guiado pelo princípio do prazer, busca repetir aquela experiência. A primeira moção do desejo não é buscar o leite no mundo real, mas reativar alucinatoriamente a percepção daquela primeira satisfação gravada na memória. O desejo nasce, portanto, desse movimento de buscar reencontrar um objeto perdido que proporcionou prazer. Contudo, a alucinação não sacia a fome. A decepção resultante força o aparelho psíquico a evoluir, a testar a realidade e a buscar no mundo externo um objeto que corresponda àquela imagem interna. O desejo é, assim, o motor que impulsiona o psiquismo a buscar incessantemente reencontrar uma completude que, por definição, ficou no passado. Ele é indestrutível porque a satisfação total da memória é impossível de ser replicada na realidade atual; estamos sempre buscando substitutos para aquele primeiro objeto mítico de satisfação.

Entretanto, o desejo é apenas a articulação psíquica de uma força ainda mais radical e constante: a pulsão. Aqui nos deparamos com uma das maiores dificuldades de tradução e compreensão da obra de Freud. O termo alemão utilizado, Trieb, foi muitas vezes traduzido erroneamente como instinto, gerando confusões biológicas indevidas. É fundamental esclarecer: o ser humano, para a psicanálise, perdeu o instinto no sentido estrito do termo animal.

O instinto (Instinkt) é um padrão de comportamento hereditário, fixo, pré-determinado e adaptado a um objeto específico. O pássaro não precisa aprender a construir o ninho; ele sabe instintivamente como fazê-lo e quando fazê-lo. Além disso, o instinto é periódico: o animal caça quando tem fome e cessa quando está saciado; acasala no período do cio e ignora a sexualidade fora dele. No ser humano, essa regulação natural rompeu-se.

No lugar do instinto, opera a pulsão. A pulsão é definida por Freud como um conceito fronteiriço entre o anímico e o somático. Ela é uma exigência de trabalho imposta ao psiquismo em consequência de sua ligação com o corpo. Diferente do instinto, a pulsão caracteriza-se por uma pressão constante. Não existe um "cio" humano periódico; a força pulsional não dá trégua, ela exige satisfação o tempo todo, obrigando o sujeito a encontrar formas complexas de lidar com essa energia contínua.

A pulsão pode ser decomposta em quatro elementos essenciais que nos ajudam a entender sua dinâmica. O primeiro é a fonte, que é o processo somático, o estado de excitação no corpo (como a zona erógena). O segundo é a pressão ou empuxo, o fator motor, a quantidade de força que exige descarga. O terceiro é a finalidade, que é sempre a satisfação, entendida como a supressão ou redução da excitação. E, finalmente, o quarto e mais importante elemento para a compreensão da subjetividade humana: o objeto.

No instinto animal, o objeto é fixo (a preza específica, o parceiro da mesma espécie). Na pulsão humana, o objeto é o elemento mais variável. Não somos biologicamente programados para desejar um objeto específico. A pulsão é uma força cega que busca satisfação, e ela pode encontrar essa satisfação nos objetos mais variados, ou mesmo em objetos parciais. É essa plasticidade do objeto que explica a imensa diversidade da sexualidade humana, a capacidade de sublimação (desviar a energia para fins culturais, artísticos ou intelectuais) e a formação dos sintomas neuróticos. A pulsão pode se satisfazer através do corpo do outro, através do próprio corpo, através da visão, da fala, ou até mesmo através da dor.

Essa desconexão entre a pulsão e um objeto natural predeterminado é o que retira o homem da natureza e o lança na cultura. Como a pulsão não traz consigo um manual de instruções sobre como deve ser satisfeita, o sujeito é obrigado a construir sua própria história de desejo, trilhando caminhos singulares através das marcas deixadas por suas primeiras experiências de prazer e desprazer.

A relação entre pulsão e desejo pode ser pensada, então, como a relação entre uma energia bruta e uma forma estruturada. A pulsão fornece a força motriz constante, o combustível inesgotável. O desejo é o trilho por onde essa energia tenta correr, moldado pelas memórias e fantasias infantis. O inconsciente trabalha incessantemente para dar destino a essas moções pulsionais. No entanto, como essas moções muitas vezes entram em choque com as exigências da realidade ou com os padrões morais do indivíduo (o que veremos ao tratar do superego), elas não podem ser descarregadas diretamente.

O desejo inconsciente é, portanto, o resultado de um conflito. Ele é o que resta da pulsão após ela ter sido filtrada, desviada e rearticulada pelas defesas psíquicas. Quando dizemos que o sonho é a realização de um desejo, estamos afirmando que, durante o sono, o aparelho psíquico encontrou uma forma de dar vazão, ainda que disfarçada e alucinatória, a essa pressão pulsional que nunca cessa.

Essa dinâmica revela uma característica trágica e ao mesmo tempo produtiva da condição humana: a falta. Como o objeto real nunca coincide perfeitamente com o objeto da primeira satisfação perdida, o desejo humano é estruturalmente insatisfeito. É essa falta fundamental que nos mantém em movimento. Se a satisfação fosse plena e o objeto fosse fixo como no instinto, o psiquismo estagnaria. É porque o desejo desliza de objeto em objeto, numa metonímia infinita, que construímos cidades, escrevemos livros, amamos e sofremos.

Compreender a pulsão e o desejo é essencial para entender por que a "cura" em psicanálise não pode ser o retorno a um estado de "normalidade" natural. Não há normalidade natural para o ser humano, pois a pulsão é, por definição, perversa polimorfa — ela aceita qualquer caminho para o prazer. O processo civilizatório e a educação impõem diques a essa torrente, canalizando-a para fins socialmente aceitáveis. O sintoma neurótico surge justamente quando essa canalização falha, e a pulsão, barrada em seu acesso direto, encontra uma saída de emergência dolorosa.

Assim, o inconsciente não é apenas um lugar de memórias, mas um caldeirão de energias pulsionais que exigem representação. O trabalho da análise consiste, muitas vezes, em mapear a cartografia desse desejo, ajudando o sujeito a reconhecer quais são os objetos e fantasias que organizam sua busca de satisfação, e como essa busca se articulou — ou se engessou — ao longo de sua história. É a partir dessa compreensão econômica e dinâmica das forças em jogo que podemos avançar para entender como o aparelho psíquico se organiza em diferentes sistemas para gerenciar essa tensão vital.

Tendo dissecado a natureza da força motriz que habita o psiquismo — essa pulsão incansável que exige satisfação —, resta-nos mapear o terreno onde essa energia circula. A compreensão da psicanálise exige que visualizemos o aparelho psíquico não como uma substância homogênea, mas como uma estrutura composta por sistemas distintos, cada um com suas funções, leis e modos de operação específicos. Freud denominou essa abordagem espacial de ponto de vista topográfico, derivado do grego topos (lugar). É crucial, contudo, reiterar o alerta feito no início de nossa jornada: esses lugares não correspondem a localizações anatômicas no cérebro. Não encontraremos o inconsciente no lobo temporal nem a consciência no córtex pré-frontal. Trata-se de uma geografia virtual, um modelo funcional indispensável para entendermos o trajeto, os conflitos e o destino das excitações mentais.

A primeira tópica freudiana, elaborada formalmente na virada do século XX, divide o aparelho psíquico em três grandes sistemas: o Inconsciente, o Pré-consciente e o Consciente. Embora já tenhamos explorado a natureza do sistema Inconsciente, sua definição completa só é possível quando o colocamos em relação dialética com seus vizinhos. É na fronteira e na tensão entre esses territórios que a vida psíquica acontece.

Comecemos pela superfície, pelo sistema que nos é mais familiar: o Consciente (Cs). Na teoria freudiana, a consciência perde o trono de soberana absoluta para assumir uma função mais modesta, porém vital: a de um órgão sensorial de percepção. Situado na periferia do aparelho psíquico, o sistema Consciente é a interface entre o mundo interno e o mundo externo. Sua tarefa é dupla: de um lado, recebe as informações sensoriais da realidade (visão, audição, tato); de outro, percebe as sensações de prazer e desprazer vindas do interior do organismo.

Uma característica fundamental do sistema Consciente é que ele não retém traços de memória duradouros. Se a consciência fosse sobrecarregada pelo armazenamento de todas as nossas experiências passadas, ela perderia sua capacidade de estar aberta e atenta ao momento presente. Para que possamos perceber o "agora" com clareza, a consciência deve estar sempre limpa, renovada a cada instante. Portanto, a memória, em sua essência, é uma função dos sistemas que jazem abaixo da superfície. A consciência é apenas o foco de luz momentâneo que incide sobre um conteúdo; assim que o foco se desloca, o conteúdo mergulha novamente na escuridão, deixando de ser consciente.

Logo abaixo dessa superfície perceptiva, encontramos o sistema Pré-consciente (Pcs). Este é frequentemente o local de maior confusão para os iniciantes em psicanálise, que tendem a misturá-lo com o inconsciente ou a utilizar o termo impreciso subconsciente — palavra que Freud evitou sistematicamente por sua ambiguidade. O Pré-consciente funciona como uma grande represa ou um arquivo de fácil acesso. Ele contém tudo aquilo que não está na consciência neste exato momento, mas que pode tornar-se consciente com um simples esforço de atenção.

Pensemos, por exemplo, no nome de um professor da infância ou no que jantamos ontem. Antes de ler esta frase, essa informação não estava em sua consciência. No entanto, ela também não estava reprimida no inconsciente dinâmico, pois não havia uma força ativa impedindo sua lembrança. Ela estava latente, disponível no sistema Pré-consciente. Assim que a atenção é direcionada a ela, a informação cruza a fronteira e torna-se consciente. O sistema Pcs é, portanto, muito mais próximo do Consciente do que do Inconsciente. Ele partilha com a consciência as leis do processo secundário: obedece à lógica, respeita a cronologia temporal e utiliza a linguagem verbal como ferramenta de organização. É no Pré-consciente que o pensamento racional, o julgamento e a censura moral se estruturam antes de serem vocalizados ou percebidos.

A verdadeira ruptura, o verdadeiro abismo intransponível, não se encontra entre o Consciente e o Pré-consciente, mas entre estes dois e o sistema Inconsciente (Ics). Aqui reside a barreira fundamental da psicanálise. Enquanto os conteúdos do Pré-consciente são apenas latentes (podem entrar na consciência se forem chamados), os conteúdos do Inconsciente são dinamicamente impedidos de entrar. Eles são os exilados do psiquismo.

Retomando a metáfora espacial que introduzimos brevemente: imagine o Inconsciente como um grande salão de entrada, povoado por impulsos psíquicos, memórias arcaicas e desejos pulsionais que buscam chegar à luz. O Pré-consciente seria uma sala de espera adjacente, mais ordenada. Entre o salão do Inconsciente e a sala de espera do Pré-consciente, existe uma sentinela vigilante: a censura. Essa censura examina cada desejo que tenta passar. Se o desejo é considerado inaceitável, ameaçador ou incompatível com a organização do sujeito, sua passagem é barrada. Ele é rechaçado, mantido no Inconsciente.

Essa distinção é crucial para entender a formação do sofrimento psíquico. Um conteúdo pré-consciente torna-se consciente assim que a atenção (energia) é investida nele. Um conteúdo inconsciente, por outro lado, só pode chegar à consciência através de disfarces, contrabandeado através da fronteira. Ele precisa se deformar, se condensar ou se deslocar para enganar a censura. É assim que surgem os sonhos, os atos falhos e os sintomas neuróticos: são formações de compromisso, mensagens criptografadas que conseguiram burlar a vigilância da fronteira entre o Ics e o Pcs, mas que pagaram o preço da ininteligibilidade para o fazer.

Outro ponto essencial nessa diferenciação é o manejo da energia psíquica. No sistema Inconsciente, a energia é livre e móvel, fluindo desimpedida de uma representação para outra em busca de descarga imediata (processo primário). No sistema Pré-consciente, ocorre uma transformação vital: a energia torna-se ligada. O Pré-consciente atua como um inibidor, retardando a descarga imediata para permitir o pensamento, o teste de realidade e a busca de soluções mais seguras e adaptadas. Sem a barreira do Pré-consciente, viveríamos em um estado de alucinação permanente, incapazes de distinguir entre o que desejamos e o que é real, reagindo a cada impulso com ação motora imediata. O Pré-consciente, portanto, protege a consciência de ser inundada pelo caos pulsional.

É importante notar que essa topografia não é estática. Durante o sono, por exemplo, a censura entre os sistemas relaxa — embora não desapareça totalmente —, permitindo que conteúdos do Inconsciente invadam o território do Pré-consciente e formem as imagens oníricas.

Na psicose, podemos observar um colapso mais severo dessas fronteiras, onde o material inconsciente irrompe na consciência na forma de delírios e alucinações auditivas, tratando as palavras como se fossem coisas concretas, típica característica do funcionamento inconsciente invadindo a realidade.

A diferenciação entre inconsciente, pré-consciente e consciente permite a Freud explicar o paradoxo de sabermos e não sabermos algo ao mesmo tempo. O sujeito sabe a verdade sobre seu desejo no sistema Inconsciente, mas a ignora completamente no sistema Consciente. O trabalho da psicanálise, operando através da fala, visa justamente restabelecer a comunicação entre esses sistemas segregados. Ao convidar o paciente a dizer tudo o que lhe vem à mente (associação livre), a técnica analítica busca suspender temporariamente a seleção lógica do Pré-consciente, permitindo que os derivados do Inconsciente cruzem a fronteira.

Em suma, a primeira tópica nos apresenta um aparelho psíquico em camadas, onde a profundidade não é medida em centímetros, mas em acessibilidade. O Consciente é a pele sensível que toca o mundo; o Pré-consciente é o arquivo da experiência e o guardião da lógica; e o Inconsciente é a fornalha pulsional, atemporal e contraditória, que alimenta todo o sistema com sua energia, ao mesmo tempo em que ameaça constantemente sua estabilidade. Compreender essa arquitetura é o passo final para entendermos como a matéria-prima bruta das pulsões, que abordaremos a seguir, é processada — ou rejeitada — para constituir aquilo que chamamos de nossa vida interior.

Capítulo 3: Pulsões, sexualidade e vida psíquica

Adentrando o coração da metapsicologia freudiana, deparamo-nos com o conceito que serve de alicerce energético para toda a estrutura psíquica que descrevemos até aqui. Se a topografia nos deu o mapa da mente e o conceito de inconsciente nos revelou sua profundidade, a teoria das pulsões vem explicar o movimento, a força e a economia desse sistema. Freud jamais concebeu o aparelho psíquico como uma entidade estática ou puramente abstrata; para ele, a mente era um cenário de conflitos dinâmicos alimentados por forças constantes. A essa força fundamental, que situa o ser humano em uma posição única e precária na natureza, ele deu o nome de pulsão, ou Trieb.

É indispensável reafirmar, com maior densidade teórica, a distinção entre a pulsão e o instinto biológico, ponto de partida para qualquer compreensão rigorosa da psicanálise. O instinto é um saber herdado, uma resposta pré-programada a estímulos externos que garante a sobrevivência e a reprodução de forma padronizada para toda uma espécie. A pulsão, por sua vez, rompe com essa harmonia natural. Freud a define magistralmente como um conceito-limite entre o somático e o psíquico. Ela não é puramente do corpo, pois se expressa através de representações mentais e fantasias; mas também não é puramente da mente, pois sua fonte é uma excitação orgânica ineliminável. A pulsão é, nas palavras de Freud, o representante psíquico das excitações que fluem do interior do corpo e alcançam a alma, constituindo uma medida da exigência de trabalho imposta ao psiquismo em consequência de sua ligação com o corporal.

Essa definição de exigência de trabalho é crucial. Diferentemente de um estímulo externo, como uma luz forte ou um predador, do qual o sujeito pode fugir ou se proteger através de uma ação motora, a pulsão é um estímulo interno. Não há fuga possível contra uma força que brota de dentro do próprio organismo. Diante dessa impossibilidade de fuga, o aparelho psíquico é obrigado a trabalhar, a complexificar-se, a criar redes de símbolos, mecanismos de defesa e vias de satisfação substitutiva. A cultura, a arte, a neurose e o caráter são, em última análise, as soluções inventivas que o ser humano constrói para lidar com essa pressão interna que jamais cessa.

A evolução da teoria das pulsões na obra de Freud não foi linear; ela sofreu revisões profundas à medida que a clínica impunha novos enigmas. Inicialmente, e durante grande parte de sua produção teórica, Freud operou com um dualismo pulsional fundamental, inspirado, segundo ele próprio, na distinção popular entre fome e amor. Esse primeiro dualismo opunha as pulsões de autoconservação (ou pulsões do ego) às pulsões sexuais.

As pulsões de autoconservação são aquelas ligadas às necessidades vitais do indivíduo, como a fome e a sede. Elas são realistas, educáveis e tendem a seguir o princípio de realidade; sua satisfação é necessária para a manutenção da vida biológica do organismo. Já as pulsões sexuais comportam-se de maneira radicalmente diferente. Elas buscam o prazer a qualquer custo, ignoram inicialmente a realidade externa e são incrivelmente plásticas, podendo mudar de objeto, trocar de finalidade ou adiar sua satisfação. O conflito psíquico central, nessa primeira fase da teoria, era compreendido como um choque entre essas duas forças: a sexualidade, com sua busca desenfreada e anárquica por prazer, ameaçava a segurança e a integridade do ego, que reagia recalcando essas moções perigosas em nome da autoconservação.

No entanto, o termo sexualidade em Freud exige uma ampliação semântica imediata. Quando a psicanálise fala em pulsão sexual, não se refere exclusivamente à genitalidade adulta voltada para a reprodução, nem apenas ao ato da cópula. A sexualidade psicanalítica, ou libido — termo que designa a energia quantitativa das pulsões sexuais —, abarca toda e qualquer busca de prazer a partir de zonas erógenas do corpo, bem como os sentimentos de afeto, amor e até mesmo os laços sociais. A libido é a energia de ligação por excelência; é ela que investe os objetos do mundo, tornando-os importantes para nós.

A característica mais marcante da pulsão, e que a torna o motor da história individual, é a sua vicissitude, ou seja, a sua capacidade de sofrer destinos variados. Como a pulsão não possui um objeto fixo dado pela natureza, ela pode percorrer caminhos tortuosos. Freud descreve quatro destinos principais para a pulsão. O primeiro é a reversão em seu oposto, onde, por exemplo, o desejo ativo de olhar (voyerismo) pode se transformar no desejo passivo de ser olhado (exibicionismo), ou o amor pode converter-se em ódio. O segundo é o retorno contra a própria pessoa, onde a agressividade originalmente dirigida a um objeto externo é redirecionada para o próprio eu, como ocorre na melancolia ou em certos traços masoquistas. O terceiro destino é o recalque, onde a representação da pulsão é afastada da consciência, embora a carga de energia continue ativa, gerando angústia ou sintomas. E o quarto, e culturalmente mais nobre destino, é a sublimação, onde a energia pulsional sexual é dessexualizada e redirecionada para fins socialmente valorizados, como a produção artística, a investigação intelectual ou o trabalho.

Essa plasticidade pulsional demonstra que o ser humano não é escravo de uma biologia rígida, mas tampouco é um ser de pura razão. Somos moldados pela forma como nossa história de vida permitiu — ou impediu — que essas energias encontrassem escoadouro.

Contudo, a teoria das pulsões sofreu uma reviravolta dramática em 1920, com a publicação de Além do Princípio do Prazer. Freud, confrontado com fenômenos que contradiziam a busca pelo prazer — como os pesadelos traumáticos dos soldados da Primeira Guerra, a compulsão à repetição de situações dolorosas na vida dos pacientes e a reação terapêutica negativa (onde o paciente piora ao perceber que está sendo curado) —, sentiu a necessidade de reformular seu dualismo. A oposição entre pulsões sexuais e de autoconservação já não dava conta de explicar a tendência humana à destruição e à repetição do desprazer.

Surge então o segundo e definitivo dualismo pulsional, talvez o mais controverso e filosófico de sua obra: a oposição entre as pulsões de vida (Eros) e as pulsões de morte (Thanatos). Sob a égide de Eros, Freud agrupou tanto as antigas pulsões sexuais quanto as de autoconservação. A função de Eros é a de produzir e preservar a união, de ligar, de formar unidades cada vez maiores e mais complexas: a célula, o organismo, o casal, a família, a sociedade. Eros é a força de coesão e vitalidade.

Em contrapartida silenciosa e obstinada, opera a pulsão de morte. Freud postulou, com base em especulações biológicas, que existe em todo ser vivo uma tendência inata a retornar a um estado anterior de inorganicidade. Como a vida emergiu da matéria inanimada, haveria uma força fundamental buscando conduzir o vivente de volta ao repouso absoluto da morte, ao grau zero de tensão. Enquanto Eros clama por ruído, complicação e tensão vital, Thanatos trabalha pela dissolução, pela desconexão e pela eliminação da excitação.

Na vida psíquica, a pulsão de morte raramente aparece em estado puro. Ela se manifesta amalgamada com Eros. Quando dirigida para fora, a pulsão de morte se funde com a pulsão de vida e manifesta-se como agressividade, sadismo ou vontade de domínio sobre o mundo e sobre os outros. É essa fusão que permite a ação humana no mundo: é preciso um quantum de agressividade para comer, para trabalhar, para se impor. O perigo reside quando ocorre a desfusão pulsional, ou quando essa destrutividade, impedida de sair, volta-se maciçamente contra o próprio sujeito, alimentando um superego feroz ou levando à autodestruição.

Essa reformulação tardia conferiu à psicanálise uma visão trágica, porém realista, da condição humana. O homem não é um ser essencialmente bom corrompido pela sociedade, nem um animal que busca apenas sobreviver. Ele é o palco de uma luta titânica e eterna entre a força que quer unir e a força que quer destruir. A cultura, como veremos mais adiante, é o esforço coletivo de Eros para conter a agressividade de Thanatos, mas esse esforço é sempre precário e custoso.

Compreender a teoria das pulsões é, portanto, compreender a economia do desejo e do sofrimento. O psiquismo é um gestor de energias. A saúde mental não é a ausência de conflito, mas a capacidade do ego de mediar essa batalha constante, permitindo que as pulsões encontrem satisfação parcial na realidade sem destruir o sujeito ou seus laços com o outro. É a partir dessa caldeira energética que a sexualidade infantil, tema que abordaremos a seguir, extrai sua força estruturante, determinando como cada um de nós aprende a amar e a desejar desde os primórdios da vida.

Poucas afirmações na história do pensamento ocidental provocaram tanto escândalo e resistência quanto a tese freudiana da sexualidade infantil. Quando Freud publicou seus Três Ensaios sobre a Teoria da Sexualidade em 1905, a criança era vista pela sociedade vitoriana como um ser de pureza angelical, assexuada e inocente, cuja "corrupção" só poderia advir de influências externas nefastas ou de uma puberdade precoce e patológica. Ao derrubar esse mito, Freud não apenas ofendeu a moralidade burguesa, mas redefiniu a própria compreensão do desenvolvimento humano, postulando que a sexualidade não desperta subitamente na adolescência, mas está presente desde o início da vida, sendo o fator estruturante da constituição psíquica.

Para compreender essa proposta revolucionária, é imperativo, mais uma vez, limparmos o terreno dos mal-entendidos semânticos. A indignação que acolheu as teorias de Freud baseava-se na equiparação equivocada entre o termo sexual e o termo genital. No senso comum, sexualidade refere-se à atividade genital adulta voltada para a reprodução ou para o coito. Se aceitarmos essa definição restrita, a ideia de sexualidade infantil seria, de fato, absurda. No entanto, a psicanálise amplia vastamente o conceito de sexualidade, entendendo-a como qualquer atividade que proporcione prazer a partir da estimulação de zonas do corpo, independentemente de qualquer finalidade reprodutiva. Para Freud, a criança é um ser que busca prazer, e essa busca é, em sua essência, de natureza sexual.

O conceito chave que articula essa teoria é o de libido. A libido deve ser compreendida como uma energia quantitativa, uma força passível de aumento, diminuição, deslocamento e fixação. Freud estabelece uma analogia clara: assim como a fome é a manifestação energética da pulsão de autoconservação (a necessidade de nutrição), a libido é a manifestação dinâmica da pulsão sexual. É o combustível que investe os objetos, as ideias e o próprio corpo, conferindo-lhes valor e atratividade. A libido não é um objeto nem uma substância química, mas um conceito econômico necessário para explicar as vicissitudes do desejo.

A gênese da sexualidade infantil ocorre através de um processo que Freud denominou de apoio (Anlehnung). Inicialmente, a pulsão sexual não é autônoma; ela surge atrelada às pulsões de autoconservação. Tomemos o exemplo da amamentação: o bebê suga o seio materno impelido pela necessidade vital da fome. O fluxo de leite satisfaz essa necessidade orgânica e elimina a tensão. Contudo, o ato de sugar, o contato rítmico dos lábios e da língua com o mamilo (ou com a mamadeira), produz uma sensação de prazer marginal, um excedente de satisfação que vai além da simples nutrição.

A criança logo descobre que pode reproduzir esse prazer independentemente da necessidade de alimento, passando a sugar o próprio dedo ou uma chupeta. Neste momento preciso — quando a sucção se desliga da necessidade de comer e passa a ser buscada por si mesma, pelo puro prazer da estimulação da zona oral — nasce a sexualidade propriamente dita. O desejo sexual apoia-se na função vital para, em seguida, tornar-se independente dela.

Uma característica fundamental da sexualidade infantil é o seu caráter autoerótico. Diferentemente do adulto, que busca um objeto externo para a satisfação plena, a criança pequena encontra a fonte de prazer em seu próprio corpo. Ela não precisa, inicialmente, de um outro para satisfazer essa pulsão parcial; seu corpo é o palco e o objeto da libido. É nesse contexto que Freud introduz a noção de zonas erógenas. Embora todo o corpo possa ser fonte de excitação, existem áreas privilegiadas, mucosas onde a sensibilidade é mais aguçada e onde a libido tende a se concentrar em determinadas fases do desenvolvimento.

O desenvolvimento da libido, portanto, não é aleatório, mas segue uma progressão cronológica de organização das zonas erógenas, que Freud classificou nas famosas fases do desenvolvimento psicossexual: oral, anal e fálica. É crucial entender que essas fases não são degraus isolados que desaparecem assim que o próximo é alcançado; elas são estratos geológicos que se sobrepõem e cujos traços permanecem na vida adulta, definindo traços de caráter e modos de relação com o mundo.

Na fase oral, a boca é o centro do universo psíquico da criança. O prazer está ligado à incorporação, ao ato de levar para dentro de si. A relação com o mundo é canibalística: amar o objeto é o mesmo que comê-lo. É o momento da dependência absoluta, onde a separação entre o eu e o mundo ainda é difusa. Fixações nessa fase podem resultar, na vida adulta, em personalidades marcadas pela voracidade, pela dependência excessiva ou, no polo oposto, por uma recusa anoréxica.

Conforme o sistema nervoso amadurece e a criança ganha controle sobre seus esfíncteres, a libido migra para a zona anal. Na fase anal, o prazer deriva da retenção e da expulsão das fezes. O que pode parecer repulsivo para a sensibilidade adulta higienizada é, para a criança, uma fonte intensa de interesse. As fezes são o primeiro produto que a criança cria, sua primeira "obra", e também a primeira moeda de troca com os pais. Ela pode presentear os pais evacuando quando solicitado, ou pode puni-los retendo as fezes. Aqui se joga a dialética do controle, da ordem, da dominação e da submissão. O sadismo e o masoquismo encontram suas raízes arcaicas nesta etapa, onde o domínio sobre o próprio corpo e sobre o objeto é a fonte primária de satisfação.

Posteriormente, a libido concentra-se na região genital, inaugurando a fase fálica. Freud utiliza o termo fálico e não genital para marcar uma distinção importante: nesta fase, a criança (seja menino ou menina, segundo a teoria freudiana clássica) reconhece apenas um órgão de valor, o falo. A oposição que estrutura o mundo infantil não é entre masculino e feminino, mas entre fálico (o que tem o falo) e castrado (o que não tem). É um período marcado pela curiosidade sexual intensa, pela masturbação infantil e pelas investigações sobre a origem dos bebês. É também o palco onde se desenrolará o drama central da estruturação do sujeito, o complexo de Édipo, que abordaremos em sua função constituinte mais adiante.

O aspecto mais desconcertante dessa teoria reside na designação que Freud atribui à criança: um perverso polimorfo. Longe de ser um insulto moral, o termo é uma descrição técnica precisa. A criança é perversa no sentido de que sua sexualidade não se submete à primazia genital reprodutiva; ela busca prazer em qualquer zona do corpo e através de qualquer meio, sem as barreiras da vergonha ou do nojo que a educação instalará posteriormente. Ela é polimorfa porque suas pulsões são plásticas, variadas e ainda não unificadas sob uma única finalidade.

A normalidade sexual adulta, portanto, não é um dado natural, mas uma construção precária. Para que o indivíduo alcance a chamada organização genital adulta, é necessário que essa multiplicidade de pulsões parciais e autoeróticas seja domesticada, reprimida ou sublimada, convergindo finalmente para o primado da genitalidade e para a busca de um objeto externo. As perversões adultas, para a psicanálise, nada mais são do que a persistência ou a regressão a uma dessas formas de satisfação infantil que não foram integradas ou superadas. O perverso é, em certo sentido, alguém que não esqueceu a liberdade de gozo da infância.

Outra peculiaridade essencial da sexualidade humana descoberta por Freud é o seu desenvolvimento difásico. Ao contrário dos animais, cuja sexualidade desperta na puberdade e segue sem interrupções, o ser humano vive dois tempos da sexualidade. O primeiro, que acabamos de descrever, ocorre na primeira infância, florescendo até por volta dos cinco ou seis anos. Em seguida, ocorre uma interrupção misteriosa e culturalmente necessária: o período de latência. Durante esses anos escolares, a pulsão sexual arrefece, as energias são desviadas para o aprendizado, a socialização e a formação moral, e erguem-se as barreiras psíquicas da vergonha e do nojo. Somente na puberdade, com a maturação biológica, a onda da libido retorna com força total, precisando agora reativar os trilhos deixados pela sexualidade infantil para encontrar seus novos objetos.

Assim, o conceito de libido e a descoberta da sexualidade infantil fornecem a chave para compreender a continuidade da vida psíquica. O adulto não inventa sua forma de amar; ele a reedita. As escolhas amorosas, as fantasias secretas e os sintomas neuróticos da vida madura são ecos, muitas vezes distorcidos, daquelas primeiras experiências de prazer vividas no corpo da criança. A psicanálise nos ensina que a criança é o pai do homem não apenas cronologicamente, mas estruturalmente: somos moldados pela forma como nossa libido navegou, ou naufragou, nessas águas primordiais do desejo infantil.

Compreender as fases de desenvolvimento da sexualidade infantil e a natureza plástica da pulsão, como fizemos até o momento, seria um esforço incompleto se não nos perguntássemos qual o papel dessa energia na construção daquilo que chamamos de Eu. A libido não é apenas o combustível para a busca de prazer; ela é a própria argamassa que edifica o sujeito. Sem o investimento libidinal, o ser humano não alcançaria a unidade psíquica, permanecendo um aglomerado fragmentado de sensações e impulsos automáticos. É neste ponto que a teoria freudiana dá um salto qualitativo fundamental, passando de uma descrição das zonas erógenas para uma compreensão estrutural da personalidade através do conceito de narcisismo.

Para o senso comum, o termo narcisismo evoca imediatamente a imagem da vaidade excessiva ou do egoísmo patológico. No entanto, na arquitetura teórica de Freud, especialmente após o texto seminal de 1914, Sobre o Narcisismo: Uma Introdução, o conceito adquire um estatuto muito diferente e universal. O narcisismo não é necessariamente um desvio perverso, mas uma etapa estrutural e indispensável no desenvolvimento de qualquer ser humano. Ele designa o momento em que a libido, antes dispersa nas várias atividades autoeróticas das zonas parciais (boca, ânus, pele), converge e toma o próprio ego como objeto de amor.

É preciso lembrar que o ego, essa instância que reconhecemos como a nossa identidade, o nosso eu, não existe desde o início da vida. O recém-nascido possui pulsões, possui sensações de prazer e desprazer, mas não possui ainda um ego unificado que se distinga do mundo externo. O bebê não sabe onde termina o seu corpo e onde começa o seio materno. Para que o ego se constitua, é necessário um novo ato psíquico. Esse ato é o investimento da libido na imagem do próprio corpo, criando uma unidade onde antes havia caos. É o narcisismo primário que permite ao sujeito dizer eu pela primeira vez, amando a si mesmo como uma totalidade antes de ser capaz de amar verdadeiramente um outro.

Nesse estágio, o ego funciona como um grande reservatório de libido. Freud utiliza uma metáfora biológica iluminadora para descrever a economia desse processo: a de uma ameba. Imaginemos o sujeito como esse organismo unicelular e a libido como a substância fluida dentro dele. O organismo pode enviar pseudópodes — prolongamentos de si mesmo — em direção ao mundo externo para capturar objetos, ou pode recolher esses pseudópodes de volta para dentro do seu núcleo. Da mesma forma, o ser humano pode enviar sua libido para fora, investindo em objetos, pessoas e ideias (libido do objeto), ou pode recolhê-la de volta para o seu próprio eu (libido do ego).

A saúde psíquica depende de um equilíbrio dinâmico e constante entre essas duas posições. Se o sujeito retira toda a sua libido do mundo e a concentra exclusivamente no eu, rompe-se o laço com a realidade, como ocorre nas psicoses e na megalomania delirante, onde o sujeito se crê o centro do universo. Por outro lado, se o sujeito investe toda a sua libido em um objeto externo, esvaziando-se completamente, ocorre o empobrecimento do eu típico da paixão avassaladora ou da submissão masoquista, onde o sujeito se sente nada e o objeto amado é tudo. Freud sentencia, com sua habitual precisão literária, que é preciso começar a amar para não adoecer, e é inevitável adoecer quando, devido à frustração, não se pode amar.

A importância da libido na constituição do sujeito revela-se, portanto, na dialética entre o amor a si e o amor ao outro. Mas há um mecanismo ainda mais sutil e decisivo nessa constituição: a identificação. Como o sujeito forma o seu caráter? Como adquirimos nossos traços de personalidade, nossos gostos, nossos ideais morais? A resposta freudiana é que o nosso eu é moldado pelos resíduos dos nossos investimentos libidinais passados.

Ao longo do desenvolvimento, a criança é obrigada a renunciar a diversos objetos de desejo. Ela não pode possuir a mãe ou o pai exclusivamente para si; ela precisa lidar com a perda, a interdição e a separação. Quando o sujeito é forçado a abandonar um objeto amado, ocorre um processo de introjeção: o sujeito traz para dentro de si traços daquele objeto perdido, erguendo-o no próprio ego. É como se o psiquismo dissesse: você não pode ter essa pessoa, mas você pode ser como ela. O ego, nas palavras de Freud em O Ego e o Id, é um precipitado de investimentos objetais abandonados. Somos, em essência, um mosaico feito das características das pessoas que amamos e perdemos ao longo da nossa história.

Essa dinâmica é o que torna a libido uma força de ligação civilizatória. Se a pulsão permanecesse em seu estado bruto, buscando apenas a descarga imediata, a sociedade seria impossível. É a capacidade da libido de se transformar, de se dessexualizar e de promover identificações que permite a formação dos laços sociais. O menino que renuncia ao desejo incestuoso pela mãe, por exemplo, não perde esse vínculo totalmente; ele o transforma em identificação com o pai e em carinho inibido em sua meta sexual pela mãe. Esses sentimentos transformados são a base da ternura, da amizade e do respeito.

Além disso, a libido desempenha um papel crucial na sublimação, conceito que já mencionamos, mas que aqui ganha sua dimensão estruturante. A constituição do sujeito não se dá apenas pela repressão dos instintos, mas pela capacidade de elevar esses instintos a uma nova dignidade. A curiosidade sexual infantil, o desejo de ver e saber, quando sublimada, torna-se a pulsão epistemofílica, o desejo de conhecimento que move o cientista e o filósofo. A agressividade e o sadismo, quando domesticados pela cultura, podem transformar-se na tenacidade necessária para o trabalho ou na habilidade do cirurgião. O sujeito maduro é aquele que conseguiu dar destinos criativos à sua libido, permitindo que a energia que originalmente buscava apenas o prazer do órgão sirva agora aos propósitos do espírito e da convivência.

Contudo, esse processo de constituição nunca é linear ou isento de falhas. A teoria da fixação da libido nos explica por que, tantas vezes, o desenvolvimento do sujeito parece estagnar ou regredir. Em sua trajetória evolutiva, a libido pode encontrar experiências de satisfação tão intensas ou traumas tão severos em determinada fase (oral, anal ou fálica) que uma parte da energia permanece aderida, colada àquele ponto.

Se a libido ficou excessivamente fixada na fase oral, por exemplo, o sujeito adulto, diante de uma frustração na vida atual, tende a regredir para modos de satisfação orais, buscando consolo na comida, na bebida, no tabagismo ou na dependência verbal. O caráter de uma pessoa — se ela é otimista ou pessimista, doadora ou retentiva, confiante ou desconfiada — é, em grande medida, o resultado da história de sua libido. O sujeito é a soma de como o seu desejo navegou pelas exigências do corpo e pelas interdições da cultura.

Portanto, ao afirmarmos que a libido é fundamental na constituição do sujeito, estamos dizendo que não existe um eu neutro, biológico ou puramente racional que precede a experiência. O sujeito é um efeito do desejo. Ele se constitui no campo de batalha entre a pulsão que exige satisfação e a realidade que impõe limites. É através das vicissitudes da libido — seus avanços, seus recuos, suas fixações e suas sublimações — que a massa informe do recém-nascido se transforma em uma personalidade singular, com um nome, uma história e uma posição no mundo.

Essa compreensão retira definitivamente a psicanálise do campo da biologia pura e a insere no campo da história subjetiva. O corpo do qual fala Freud não é o organismo da anatomia, mas o corpo erógeno, mapeado pela libido. E o sujeito que habita esse corpo é, em última análise, a cicatriz viva de suas paixões. É essa estrutura libidinal complexa, tecida entre o narcisismo e a relação com o objeto, que preparará o terreno para o grande drama organizador da psique humana: o complexo de Édipo, onde o desejo, a lei e a proibição se encontrarão para selar o destino do indivíduo. Mas para compreender como essa estrutura se governa e se pune, precisaremos avançar para a análise dos mecanismos de defesa e da formação dos sintomas, onde a libido, quando tem seu caminho barrado, demonstra sua força indestrutível através do sofrimento.

Capítulo 4: Recalque, sintomas e formação do sofrimento psíquico

Chegamos agora ao conceito que Sigmund Freud não hesitou em classificar como a pedra angular sobre a qual repousa toda a estrutura da teoria psicanalítica. Se a descoberta do inconsciente representou a ferida narcísica na autoimagem humana e a teoria das pulsões forneceu a dinâmica energética desse sistema, é o conceito de recalque (Verdrängung) que explica o mecanismo preciso pelo qual a cisão psíquica ocorre e se mantém. Sem a compreensão rigorosa do recalque, os fenômenos dos sonhos, dos lapsos e, fundamentalmente, dos sintomas patológicos permaneceriam enigmas insolúveis. É ele que traça a fronteira entre o que sabemos de nós mesmos e a verdade que nos habita, mas que nos é estranha.

Para definir o recalque com a precisão necessária, devemos primeiramente dissipar a noção comum de que se trata de um simples esquecimento ou de uma supressão voluntária. Quando decidimos não pensar em um problema para podermos dormir, ou quando evitamos demonstrar raiva em uma reunião social, estamos operando no nível da supressão consciente. O recalque, ao contrário, é um processo involuntário e inconsciente. O sujeito não decide recalcar; o recalque acontece com ele. Trata-se de uma defesa que o ego erige automaticamente diante de uma ameaça interna que ele não se sente capaz de dominar.

A essência do recalque consiste em afastar uma determinada representação psíquica (uma ideia, uma memória ou um desejo) da consciência e mantê-la à distância. Mas por que o aparelho psíquico, cuja função primordial, como vimos anteriormente, é a busca do prazer, realizaria um esforço tão custoso para impedir a satisfação de um desejo? Aqui reside um dos paradoxos centrais que Freud precisou desatar: a constatação de que o que é prazer para um sistema pode ser desprazer para outro.

Uma pulsão sexual ou agressiva que clama por satisfação é, por natureza, uma fonte de prazer para o sistema inconsciente. No entanto, se essa satisfação entrar em conflito agudo com as exigências da realidade externa ou com os padrões morais e ideais que o indivíduo internalizou (o que mais tarde Freud chamará de Superego), ela geraria uma angústia insuportável para o Ego. O recalque é, portanto, uma medida de proteção, uma tentativa de evitar o desprazer que adviria, paradoxalmente, da satisfação de um desejo. O sujeito paga o preço da renúncia pulsional para comprar sua segurança psíquica.

Contudo, é crucial entender que o recalque não destrói a pulsão ou a representação indesejada; ele apenas lhe nega o acesso à consciência e à motilidade (a capacidade de agir no mundo). O material recalcado continua a existir no inconsciente, conservando toda a sua carga de energia pulsional, sua atemporalidade e sua pressão constante por descarga. É como se encerrássemos um prisioneiro vigoroso e rebelde em uma masmorra: o fato de não o vermos mais não significa que ele deixou de gritar ou de tentar arrombar a porta. Pelo contrário, a reclusão muitas vezes exacerba sua força.

Freud complexifica essa teoria ao propor que o recalque não é um ato único, mas um processo que ocorre em dois tempos lógicos distintos. O primeiro tempo é o que ele chama de recalque primário (Urverdrängung). Trata-se de um momento mítico e estrutural na constituição do psiquismo, onde certas representações pulsionais arcaicas são fixadas no inconsciente. Essas representações primordiais nunca tiveram acesso à consciência; elas são o núcleo magnético original do inconsciente. O recalque primário é o ato fundador que cria a distinção entre consciente e inconsciente.

O segundo tempo é o recalque propriamente dito, ou recalque secundário (Nachdrängen). Este é o mecanismo que opera ao longo de toda a vida do sujeito. Ele incide sobre os derivados das representações primárias, ou seja, sobre pensamentos, lembranças ou desejos atuais que, por associação, se conectam àquele núcleo proibido. O funcionamento desse mecanismo pode ser comparado a uma pinça: a representação indesejada é empurrada para baixo pela censura da consciência (repulsão) e, simultaneamente, é puxada para baixo pela atração magnética das representações que já estão no inconsciente desde o recalque primário. É a cooperação entre essas duas forças que garante o sucesso da expulsão do conteúdo da luz da razão.

Entretanto, ao analisarmos a mecânica do recalque, deparamo-nos com uma operação econômica de alta complexidade. A pulsão, como vimos no capítulo anterior, é composta por uma representação (a ideia) e por um montante de afeto (a energia ou libido). O destino desses dois componentes no processo de recalque não é o mesmo, e essa distinção é vital para a clínica. O recalque incide primariamente sobre a representação ideativa. A ideia de "ódio pelo pai" ou "desejo pela irmã" é divorciada da consciência e lançada no esquecimento. Mas o que acontece com a energia, com o afeto que estava ligado a essa ideia?

O afeto não pode ser recalcado no mesmo sentido que a ideia; a energia não pode ser simplesmente apagada. Ela precisa ter um destino. O recalque bem-sucedido seria aquele que consegue suprimir a ideia e dissipar o afeto, mas isso é raro. Frequentemente, a ideia é recalcada, mas o montante de afeto, agora livre e desancorado, busca novas conexões ou formas de descarga. É esse afeto deslocado, essa energia errante que foi separada de sua causa original, que se tornará a matéria-prima da angústia ou que irá converter-se em sintomas corporais, obsessões ou fobias.

A manutenção do recalque exige um dispêndio constante de força. Não se trata de fechar uma porta e ir embora; é preciso manter-se empurrando a porta contra uma pressão que vem do outro lado. Freud chamou essa força de contenção de contrainvestimento. O Ego precisa gastar uma parte significativa de sua energia disponível apenas para manter o material recalcado sob controle. Isso explica a sensação de fadiga psíquica e empobrecimento vital que muitos neuróticos experimentam. A energia que poderia ser utilizada para trabalhar, amar ou criar está imobilizada na tarefa silenciosa e extenuante de manter os fantasmas no porão.

Essa dinâmica de forças revela a fragilidade intrínseca do equilíbrio psíquico. O recalque nunca é total e nunca é definitivo. Como a pulsão é uma força constante, a barreira do recalque precisa ser renovada a cada instante. Existem momentos, porém, em que essa barreira enfraquece — seja pelo relaxamento natural durante o sono, seja pelo enfraquecimento do ego devido a traumas, doenças ou fadiga, ou ainda pelo aumento excessivo da pressão pulsional na puberdade ou na paixão.

Quando o equilíbrio de forças se altera em favor do inconsciente, o mecanismo do recalque falha. Mas essa falha não resulta na emergência da verdade nua e crua. A censura, mesmo enfraquecida, ainda exige que o conteúdo proibido se disfarce para passar. O que escapa não é o desejo original, mas um substituto deformado, irreconhecível para o sujeito, mas carregado com a energia do impulso original. É aqui que o recalque cede lugar ao seu corolário inevitável: o retorno do recalcado.

O recalque, portanto, não deve ser visto apenas como um mecanismo patológico. Ele é, em certa medida, um pilar da civilização e da individuação. Sem a capacidade de recalcar certos impulsos imediatos, a vida social seria impossível e o sujeito viveria submerso no caos dos instintos. O problema surge não da existência do recalque, mas de sua rigidez, de sua extensão excessiva ou de seu fracasso. A neurose é o testemunho de um recalque que não funcionou perfeitamente, de uma negociação falha entre o desejo e a defesa.

Compreender o recalque como mecanismo central permite-nos olhar para o sofrimento humano com uma nova lente. O que chamamos de sintoma não é um defeito aleatório de funcionamento, mas o resultado de um trabalho psíquico intenso. É um monumento erguido em memória de um conflito. O sujeito sofre porque há uma verdade dentro dele que foi silenciada, mas que se recusa a calar. A psicanálise, ao propor a cura pela fala, não visa meramente remover o sintoma, mas desfazer o caminho do recalque, permitindo que a energia aprisionada nesse conflito possa, finalmente, encontrar destinos mais favoráveis e menos dolorosos do que a repetição cega do passado. É sobre esse retorno, e as formas tortuosas que ele assume, que nos debruçaremos a seguir.

Se o recalque é a pedra angular sobre a qual se ergue o edifício psicanalítico, o retorno do recalcado constitui a prova viva da existência desse alicerce invisível. Como estabelecemos anteriormente, o processo de afastar um conteúdo da consciência não implica sua destruição. A representação pulsional, exilada no inconsciente, mantém sua carga energética intacta e exerce uma pressão contínua em direção à superfície. O psiquismo, portanto, não é um sistema estático de armazenamento, mas um campo de tensão permanente. O retorno do recalcado é o momento em que essa tensão rompe as barreiras defensivas, não pela porta da frente da vontade consciente, mas pelas frestas deixadas pela vigilância imperfeita do ego.

É fundamental compreender que o que retorna nunca é o elemento recalcado em sua forma original. Se o desejo proibido surgisse na consciência tal como foi inscrito no inconsciente — cru, direto e ameaçador —, o resultado não seria um fenômeno psíquico comum, mas um estado de angústia avassaladora ou um surto psicótico. Para que o retorno ocorra sem colapsar a estrutura do sujeito, o conteúdo precisa negociar sua passagem. Ele deve enganar a censura, vestindo-se com roupagens aceitáveis, associando-se a ideias inócuas ou distorcendo seu sentido até tornar-se irreconhecível. O retorno do recalcado é, essencialmente, uma arte do disfarce.

Essa dinâmica revela que as fronteiras entre a normalidade e a patologia são muito mais tênues do que a medicina clássica supunha. Freud demonstrou que o retorno do recalcado não é exclusividade dos neuróticos; ele faz parte da vida cotidiana de qualquer ser humano.

Em sua obra Psicopatologia da Vida Cotidiana, de 1901, ele analisou magistralmente como o inconsciente se manifesta naquelas pequenas falhas que costumamos atribuir ao acaso, ao cansaço ou à desatenção. Lapsos de linguagem, esquecimentos de nomes, erros de leitura e atos falhos não são acidentes sem sentido; são êxitos do inconsciente.

Consideremos o mecanismo do lapso linguístico, ou parapraxia. Quando alguém pretende dizer uma palavra e, involuntariamente, profere outra, ou troca sílabas criando um neologismo cômico, estamos diante de um conflito entre duas intenções. Existe a intenção consciente de comunicar uma ideia específica e polida, e existe uma intenção inconsciente, perturbadora, que aproveita a oportunidade da fala para se intrometer. O lapso é a resultante vetorial dessas duas forças. A palavra errada que escapa da boca não é um erro aleatório de processamento neural; é a confissão de uma verdade que o sujeito pretendia manter oculta, muitas vezes até de si mesmo. O retorno do recalcado, neste caso, trai a censura oficial do ego e expõe o desejo subjacente.

O mesmo princípio aplica-se ao esquecimento motivado. Não esquecemos indiscriminadamente; esquecemos aquilo que, por alguma cadeia associativa, desperta desprazer ou remete a um conflito interno. O nome de uma pessoa que nos ofendeu, o compromisso que não desejamos cumprir, ou a palavra que soa semelhante a algo proibido — todos esses elementos são sugados pela atração do núcleo recalcado. O esquecimento é um retorno do recalcado às avessas: é a evidência de que a defesa está ativa, sequestrando pedaços da realidade consciente para impedir que eles despertem os cães adormecidos do inconsciente.

Outra via privilegiada para esse retorno, e talvez a mais socialmente aceita, é o chiste, ou a piada. Freud dedicou um livro inteiro à análise da relação entre o chiste e o inconsciente, demonstrando que o humor é uma forma engenhosa de driblar a repressão. Através da técnica do chiste — o trocadilho, o duplo sentido, a condensação —, o sujeito consegue expressar conteúdos agressivos ou sexuais que seriam barrados pela educação e pela moral se fossem ditos seriamente. A risada que explode no ouvinte é a liberação da energia psíquica que estava sendo usada para reprimir aquele mesmo conteúdo. O chiste permite, por um breve instante, que o recalcado retorne à luz do dia sob a proteção do não é sério, proporcionando um prazer cúmplice e libertador.

No entanto, a via régia para o retorno do recalcado, como Freud a denominou, continua sendo o sonho. Durante o sono, a atividade motora está suspensa e a vigilância da censura relaxa, embora não desapareça completamente. É nesse estado de guarda baixa que os desejos inconscientes encontram o cenário ideal para se manifestarem. Contudo, mesmo no sonho, o recalcado não pode aparecer nu. Ele passa pelo trabalho do sonho, sendo submetido aos mecanismos de condensação e deslocamento que descrevemos anteriormente.

O sonho é, portanto, um texto cifrado. O conteúdo manifesto — a narrativa estranha e muitas vezes absurda que recordamos ao acordar — é a máscara que o conteúdo latente — o desejo inconsciente — precisou vestir para passar pela fronteira. Quando dizemos que o sonho é a realização de um desejo, estamos afirmando que ele é uma forma bem-sucedida de retorno do recalcado, onde a pressão pulsional encontra uma descarga alucinatória que protege o sono do sonhador. O pesadelo, por sua vez, ocorre quando esse disfarce falha. Se o retorno do recalcado é demasiado direto ou intenso, a angústia irrompe, e o sujeito acorda para restabelecer a censura plena da vigília.

Há ainda uma dimensão mais sombria e inquietante nesse fenômeno, que Freud explorou em seu ensaio sobre O Estranho (Das Unheimlich). O termo alemão refere-se àquilo que não é familiar, mas que, paradoxalmente, desperta uma sensação de reconhecimento antigo e assustador. Essa sensação de estranheza ocorre quando algo que deveria ter permanecido oculto e secreto vem à tona. Pode ser a repetição inexplicável de um número, a visão de um duplo, ou uma coincidência que parece desafiar a razão. O sentimento do estranho é a marca afetiva do retorno de complexos infantis recalcados ou de crenças primitivas que julgávamos ter superado. É o momento em que a realidade racional vacila diante da onipotência do pensamento inconsciente.

Todas essas manifestações — lapsos, chistes, sonhos e a estranheza — demonstram que o muro do recalque é poroso. O inconsciente não é um mundo paralelo hermeticamente fechado; ele vaza incessantemente para a nossa vida consciente. Na maior parte das vezes, esses vazamentos são inócuos ou passageiros, integrados à nossa personalidade como excentricidades ou traços de caráter. Dizemos que fulano é esquecido ou que sicrano tem um humor ácido, sem percebermos que estamos descrevendo as formas habituais como o recalcado retorna neles.

Contudo, existe um ponto em que o retorno do recalcado deixa de ser uma ocorrência episódica ou um traço de estilo para se tornar uma fonte de sofrimento fixo e repetitivo. É aqui que entramos no terreno da formação dos sintomas. Se no lapso o retorno é fugaz e no sonho ele é virtual, no sintoma o recalcado ganha uma consistência rochosa. O sintoma é, tal como o sonho, uma mensagem cifrada, mas uma mensagem que se inscreveu no corpo ou no comportamento e que se recusa a dissolver.

O mecanismo subjacente ao sintoma é idêntico ao das formações do inconsciente que acabamos de descrever: trata-se de uma formação de compromisso. O sintoma satisfaz, simultaneamente, duas exigências contraditórias. De um lado, ele oferece uma satisfação substitutiva ao desejo recalcado (ainda que uma satisfação distorcida e dolorosa); de outro, ele satisfaz a exigência da defesa, punindo o sujeito ou limitando sua vida através do sofrimento. O retorno do recalcado, neste caso, não resulta em alívio ou riso, mas em uma paralisia da liberdade.

Ao compreendermos a lógica do retorno do recalcado, a psicanálise nos convida a mudar nossa postura diante dos erros e falhas humanas. Onde o senso comum vê acasos sem importância, o olhar freudiano vê determinismo e sentido. Nada na vida psíquica é arbitrário. Cada palavra trocada, cada sonho bizarro e cada mania inexplicável são elos de uma cadeia que leva, invariavelmente, à história pulsional do sujeito e aos seus esforços para lidar com aquilo que ele não pôde aceitar em si mesmo. O retorno do recalcado é a insistência da verdade subjetiva em ser ouvida, e é justamente decifrando essas mensagens retornadas que o tratamento psicanalítico opera. Mas para entender como essa mensagem se cristaliza em doença, precisamos avançar para a análise detalhada da formação dos sintomas e do compromisso entre desejo e defesa.

Ao cruzarmos o limiar que separa as manifestações passageiras do inconsciente, como o lapso e o chiste, para adentrarmos o território mais rígido e doloroso da patologia, deparamo-nos com o sintoma. Na medicina convencional, um sintoma é um sinal de disfunção, um ruído que indica que a máquina biológica está falhando e que deve ser silenciado o mais rápido possível. Para a psicanálise, contudo, o sintoma possui um estatuto de dignidade muito superior: ele não é uma falha de funcionamento, mas uma realização psíquica. O sintoma é uma obra, uma construção arquitetônica complexa erguida pelo sujeito para dar conta de um conflito insuportável.

Para compreender a lógica de sua formação, devemos retomar a dinâmica das forças que descrevemos anteriormente. Temos, de um lado, a pulsão recalcada que, dotada de uma energia inesgotável, pressiona constantemente por satisfação. Do outro lado, ergue-se o Ego, armado com suas defesas e sob a vigilância das exigências morais e da realidade, empenhado em impedir que essa satisfação ocorra, pois ela geraria angústia. O aparelho psíquico encontra-se, assim, em um impasse econômico: a pressão interna é demasiado forte para ser ignorada, mas perigosa demais para ser aceita.

A solução encontrada pelo psiquismo é o que Freud denominou de formação de compromisso (Kompromissbildung). O sintoma é, em essência, um tratado de paz entre forças inimigas, um contrato onde ambas as partes cedem algo para obterem algo em troca. O desejo inconsciente consegue, finalmente, uma via de escoamento para sua energia, obtendo uma satisfação substitutiva. No entanto, para que o Ego aceite essa satisfação, ela precisa vir disfarçada, deformada e, crucialmente, acompanhada de sofrimento. O sofrimento é o tributo que o desejo paga à censura para ter o direito de existir.

Essa dupla natureza do sintoma explica sua tenacidade e a dificuldade de removê-lo. O sujeito que busca análise queixa-se amargamente de seu sintoma — seja uma paralisia histérica, um ritual obsessivo de lavagem ou uma fobia paralisante. Ele afirma querer livrar-se desse corpo estranho que limita sua vida. Contudo, a clínica revela paradoxalmente que o sujeito se apega ao seu sintoma com uma força surpreendente. Freud chamou isso de resistência. O paciente resiste à cura porque, no nível inconsciente, o sintoma está proporcionando uma satisfação pulsional secreta. Remover o sintoma abruptamente significaria deixar o sujeito desamparado diante da angústia do conflito original não resolvido.

A formação do sintoma segue, portanto, uma trilha econômica precisa. Quando a libido tem seu caminho de satisfação real barrado pela frustração externa ou pela proibição interna, ela é forçada a regredir. A energia flui para trás, reativando os pontos de fixação da sexualidade infantil que discutimos no capítulo anterior. Essas antigas fantasias e modos de satisfação, que jaziam adormecidos, são novamente investidos de energia. O conflito reacende-se: o Ego adulto rejeita essas fantasias infantis com a mesma veemência com que as rejeitou no passado. O resultado desse choque é o sintoma.

Podemos ilustrar essa dinâmica, sem recorrer a casos clínicos específicos, através da estrutura da neurose obsessiva. Imaginemos um sujeito que luta contra impulsos agressivos ou sexuais intensos que considera moralmente repugnantes. O recalque impede que ele tome consciência desses desejos. No entanto, a energia exige descarga. O compromisso encontrado pode ser a formação de um cerimonial obsessivo, como verificar dezenas de vezes se a porta está trancada ou lavar as mãos compulsivamente.

Nesse sintoma, vemos as duas faces da moeda. O ato de verificar ou lavar satisfaz a defesa, pois assegura a ordem, a limpeza e a proteção, acalmando a consciência moral. Mas, ao mesmo tempo, a repetição incessante e a dúvida torturante satisfazem a pulsão agressiva ou sexual de forma disfarçada: o sujeito torna-se escravo de seu ritual, isola-se do mundo e, muitas vezes, tiraniza aqueles que o cercam com suas manias, exercendo assim, indiretamente, a agressividade que tentava reprimir. O sintoma é uma realização de desejo e uma punição pelo desejo, fundidos em um único ato.

Freud também nos alerta para a distinção fundamental entre o benefício primário e o benefício secundário da doença. O ganho primário é o alívio da angústia e a resolução econômica do conflito interno através da criação do sintoma. É a razão de ser da neurose: evitar o colapso psíquico total. Já o ganho secundário ocorre a posteriori, quando o Ego, resignado à presença do sintoma, tenta tirar o melhor proveito possível da situação. É o caso do doente que utiliza sua condição para obter atenção, carinho, ou para se esquivar de responsabilidades penosas da vida adulta. Embora o ganho secundário seja visível e muitas vezes irritante para os familiares, ele é apenas um efeito colateral, não a causa da doença. A psicanálise visa desmontar a estrutura do ganho primário, indo à raiz do conflito.

Outro aspecto essencial na formação do sofrimento psíquico é a escolha da neurose. Por que um sujeito desenvolve uma histeria, convertendo o conflito em dor corporal, enquanto outro desenvolve uma fobia, projetando o perigo em um objeto externo? A resposta reside na história singular da libido de cada indivíduo e nos mecanismos de defesa prediletos de seu Ego.

Na histeria, o mecanismo predominante é a conversão. A carga afetiva do conflito é separada da representação mental e descarregada na inervação somática. O corpo torna-se um teatro onde o drama psíquico é encenado. Uma paralisia do braço, por exemplo, pode simbolizar o conflito entre o desejo de agredir alguém e a proibição de fazê-lo; o braço fica imobilizado como solução de compromisso, impedindo a ação proibida mas também incapacitando o sujeito. Na histeria, o corpo fala o que a boca cala.

Já na neurose obsessiva, o mecanismo central é o deslocamento para o pensamento. O conflito permanece na esfera psíquica, mas é isolado de seu contexto emocional original e deslocado para ideias triviais ou rituais abstratos. O sujeito pode ser atormentado por dúvidas metafísicas insolúveis ou por superstições numéricas, mantendo sua mente ocupada para não pensar naquilo que verdadeiramente importa e angustia.

Na fobia, o perigo pulsional interno é projetado para fora. O sujeito que teme irracionalmente um animal ou uma situação específica está, na verdade, transformando uma angústia interna indefinida em um medo externo definido. É muito mais fácil evitar um cavalo ou um elevador do que evitar um impulso pulsional que brota de dentro de si. A fobia cria um perímetro de segurança, permitindo ao sujeito transitar livremente desde que não encontre o objeto fóbico. O sintoma, aqui, funciona como uma muralha geográfica.

O que une todas essas formas de sofrimento é o caráter de extraterritorialidade do sintoma. Para o sujeito consciente, o sintoma aparece como algo estranho, um "corpo externo" que se instalou em sua casa e que não obedece à sua vontade. O paciente diz "eu não sei por que faço isso" ou "isso é mais forte que eu". Essa sensação de alheamento é a prova de que o sintoma tem raízes no inconsciente. Ele é uma província rebelde dentro do império da personalidade, regida por leis próprias que escapam à jurisdição da razão.

A formação dos sintomas revela, em última análise, a fragilidade da nossa normalidade. O sintoma é o preço que pagamos pela nossa complexidade psíquica e pela nossa inserção na cultura. Ele é o vestígio de uma batalha silenciosa travada nos bastidores da mente. Ao compreendermos o sintoma como uma solução de compromisso, a psicanálise afasta-se da intenção pedagógica de corrigir comportamentos ou eliminar defeitos. O objetivo não é suprimir o sintoma à força — o que muitas vezes apenas provocaria o surgimento de outro substituto pior —, mas decifrar sua mensagem, desatar os nós históricos que tornaram aquele compromisso necessário.

Entretanto, para que esse conflito entre desejo e defesa ocorra, é necessário que existam instâncias psíquicas bem definidas, capazes de exercer funções de julgamento, censura e execução. A compreensão plena do sofrimento humano exige que passemos do modelo topográfico (inconsciente, pré-consciente, consciente), que nos serviu até aqui, para um modelo mais dinâmico e antropomórfico, capaz de explicar a culpa, o ideal e a moralidade. É essa necessidade que nos conduz à segunda tópica freudiana e à tríade célebre que estrutura a personalidade: o Id, o Ego e o Superego.

Capítulo 5: Estrutura psíquica: id, ego e superego

A virada da década de 1920 marcou um momento de profunda revisão e inquietação teórica na obra de Sigmund Freud. Até aquele ponto, o edifício da psicanálise sustentava-se sobre o modelo que exploramos nos capítulos anteriores: a primeira tópica, que dividia o aparelho psíquico em Inconsciente, Pré-consciente e Consciente. Essa geografia da mente havia servido bem para explicar a interpretação dos sonhos, os atos falhos e a formação dos sintomas histéricos. No entanto, à medida que Freud aprofundava sua prática clínica e se deparava com formas mais complexas de resistência e sofrimento, as fronteiras desse mapa começaram a mostrar-se insuficientes. A realidade clínica impunha obstáculos que a simples distinção entre "o que se sabe" e "o que não se sabe" já não conseguia esclarecer.

O impasse fundamental surgiu da observação de que o inconsciente não se resumia apenas ao material recalcado. Freud notou que, durante o tratamento, o paciente frequentemente oferecia uma resistência tenaz ao progresso da análise, uma força que bloqueava a cura. O mais desconcertante, contudo, era que o paciente não tinha consciência dessa resistência; ele não sabotava o tratamento de propósito. Ora, se a resistência parte do Ego — a instância que defende a integridade do sujeito —, e se essa resistência é inconsciente, somos forçados a admitir uma conclusão lógica devastadora para o primeiro modelo: o próprio Ego possui uma parte inconsciente. A equação simples que igualava "Consciente" ao Ego e "Inconsciente" ao recalcado desmoronou.

Além disso, Freud deparou-se com o enigma do sentimento inconsciente de culpa. Muitos pacientes demonstravam uma necessidade de punição que operava à revelia de sua vontade, uma força moral feroz e implacável que agia nas sombras. Como explicar uma consciência moral que é, ela mesma, inconsciente? Para resolver essas aporias e acomodar a descoberta da pulsão de morte, formalizada em 1920, Freud precisou reestruturar inteiramente sua concepção do aparelho psíquico. Nascia assim, com a publicação da obra O Ego e o Id em 1923, a segunda tópica freudiana, também conhecida como modelo estrutural ou dinâmico.

Nesta nova configuração, a mente deixa de ser descrita apenas como uma sequência de sistemas ópticos ou salas espaciais (topografia) para ser entendida como um cenário de interação entre três instâncias, agências ou províncias psíquicas, cada uma com funções, energias e origens distintas: o Id, o Ego e o Superego. É imperativo compreender que esses termos não designam pequenos homúnculos habitando o cérebro, mas sim funções sistêmicas que operam em constante tensão dialética. A segunda tópica não anula a primeira, mas a integra e a complexifica; as qualidades de consciente, pré-consciente e inconsciente continuam a existir, mas agora como adjetivos que podem qualificar as operações dessas três estruturas.

A base primitiva e fundamental desse novo aparelho é o Id, ou Isso (do alemão das Es). Freud tomou esse pronome impessoal emprestado de Georg Groddeck para designar aquilo que há de mais estrangeiro e, ao mesmo tempo, mais íntimo em nós. O Id é o polo psicobiológico da personalidade, o reservatório original de onde todas as outras instâncias se diferenciarão. Ele é o caldeirão fervilhante de excitações pulsionais, o lugar onde a energia psíquica flui em estado livre e caótico.

No Id, não existe organização lógica, não existe negação, não existe temporalidade e, fundamentalmente, não existe moralidade. Ele é governado exclusivamente pelo princípio do prazer, exigindo satisfação imediata e incondicional das pulsões de vida e de morte que o habitam. O Id não conhece o bem ou o mal, apenas o querer. Ele é a expressão psíquica direta da nossa natureza biológica. Quando dizemos que fomos tomados por uma força maior que nós, ou quando sentimos que algo agiu através de nós num momento de fúria ou paixão, estamos experimentando a força bruta do Id. Ele é o grande reservatório da libido, e tudo o que o sujeito virá a ser depende da energia que é extraída desse fundo inesgotável. O Id é totalmente inconsciente, mas não é sinônimo de "inconsciente recalcado", pois ele contém também aquilo que nunca foi consciente e que jamais o será: a herança filogenética e a matriz pulsional inata.

Se o ser humano fosse apenas Id, contudo, não sobreviveria um dia sequer. A busca cega pelo prazer o levaria a perecer diante dos perigos do mundo real. É sob a influência do mundo externo que uma parte do Id sofre uma modificação decisiva, diferenciando-se para formar o Ego, ou Eu (do alemão das Ich). O Ego é, em sua gênese, uma parte do Id que foi modificada pela proximidade e influência direta da realidade externa. Imagine uma crosta que se forma na superfície de uma massa viva para protegê-la do contato abrasivo com o exterior; essa crosta sensível e organizadora é o Ego.

A função primordial do Ego é a autoconservação. Ele interposta-se entre o desejo voraz do Id e as limitações do mundo real. O Ego substitui o princípio do prazer, que reina soberano no Id, pelo princípio de realidade. Ele introduz a dimensão do tempo, da espera, do pensamento e do planejamento. É o Ego que percebe os estímulos, armazena experiências na memória, evita perigos excessivos e busca modificar o mundo através da ação para que a satisfação seja possível e segura. O Ego é o mediador diplomático da psique, tentando harmonizar as reivindicações desenfreadas das pulsões com as condições objetivas da vida.

Freud utiliza uma metáfora clássica e elucidativa para descrever a relação precária entre essas duas instâncias: a do cavaleiro e seu cavalo. O cavalo (o Id) fornece a energia motora, a força bruta e o ímpeto do movimento. O cavaleiro (o Ego) tem o privilégio de determinar a meta e guiar o movimento do animal vigoroso. Contudo, como ocorre frequentemente na equitação, se o cavalo for demasiado forte ou o cavaleiro inexperiente, este último é obrigado a deixar-se levar para onde o cavalo quer ir, mantendo apenas a ilusão de que está no comando. O Ego, portanto, não é o senhor absoluto em sua própria casa; ele é um gestor que luta constantemente para canalizar forças que o ultrapassam.

Mas a complexidade do modelo estrutural só se completa com a introdução da terceira instância, aquela que viria explicar o mistério da culpa inconsciente e da moralidade: o Superego, ou Super-eu (do alemão das Über-Ich). O Superego representa uma modificação interna do Ego, uma diferenciação que se ergue dentro do próprio sujeito para julgá-lo. Ele é o herdeiro do complexo de Édipo, o resíduo das primeiras e mais importantes identificações da criança com as figuras parentais.

Durante o longo período de dependência infantil, a criança vive sob a autoridade externa dos pais, que concedem amor e proteção, mas também impõem restrições, castigos e ideais. Com o declínio do complexo de Édipo, essas figuras externas de autoridade são introjetadas, ou seja, internalizadas na estrutura psíquica. A voz que antes vinha de fora, dizendo não faça isso ou você deve ser assim, passa a ecoar de dentro. O Superego assume as funções de auto-observação, consciência moral e formação de ideais. Ele observa o Ego continuamente, comparando suas ações e pensamentos com um padrão ideal de perfeição.

A severidade do Superego não depende necessariamente da severidade real dos pais. Muitas vezes, crianças criadas com brandura desenvolvem um Superego tirânico e cruel. Isso ocorre porque o Superego não absorve apenas as ordens parentais, mas também a própria agressividade da criança que não pôde ser descarregada contra os pais e que, retornando-se para dentro, é assumida por essa instância julgadora. O Superego, paradoxalmente, mergulha suas raízes profundamente no Id; ele está muito mais próximo das pulsões do que o Ego racional. Isso explica por que a moralidade pode ser tão apaixonada, irracional e, por vezes, destrutiva. O Superego sabe dos desejos secretos do Id e pune o Ego não apenas pelo que ele faz, mas também pelo que ele deseja fazer, gerando o sentimento de culpa.

Com a segunda tópica, Freud apresenta-nos uma visão do psiquismo que é essencialmente conflituosa. O ser humano não é uma unidade pacífica, mas o palco de uma disputa constante entre três senhores implacáveis. O pobre Ego, como Freud o descreve com simpatia, encontra-se pressionado num triplo cerco: deve satisfazer as exigências vorazes do Id, submeter-se às restrições impiedosas do Superego e, ainda, navegar pelos perigos concretos da realidade externa. A saúde mental, nessa perspectiva, não é um estado estático de felicidade, mas a capacidade dinâmica do Ego de administrar essa economia complexa, evitando que qualquer uma das instâncias exerça um domínio totalitário que levaria à patologia.

Essa reestruturação teórica permitiu à psicanálise avançar sobre terrenos antes inexplorados, como a reação terapêutica negativa, o masoquismo moral e a psicologia das massas. O modelo estrutural revela que a nossa personalidade é um compromisso instável, uma negociação perpétua entre a besta, o policial e o diplomata que habitam em nós. Para compreender como essa negociação ocorre na prática e como o Ego lança mão de estratégias para não sucumbir à angústia, devemos agora examinar mais detalhadamente a dinâmica desses conflitos e as funções específicas que cada instância desempenha na economia da vida psíquica.

Uma vez estabelecida a geografia da segunda tópica, é preciso colocar essa máquina em movimento. A descrição estática das instâncias — Id, Ego e Superego — fornece apenas o mapa do território; a verdadeira compreensão da psicanálise reside na dinâmica das forças que colidem nessas fronteiras. O aparelho psíquico não é uma assembleia pacífica onde as partes colaboram harmoniosamente para o bem comum; assemelha-se muito mais a um cenário de guerra civil ou, na melhor das hipóteses, a uma democracia instável em perpétua crise parlamentar. A vida psíquica é, por excelência, a gestão ininterrupta de conflitos.

Para entender a natureza desses embates, devemos examinar mais de perto as funções específicas que competem a cada instância, começando por aquela que ocupa a posição mais ingrata: o Ego. Como vimos, o Ego é a fachada do psiquismo voltada para o mundo, mas sua soberania é ilusória. Sua tarefa principal é a autoconservação, e para cumpri-la, ele detém o monopólio de três funções vitais: a percepção sensorial, o teste de realidade e o controle da motilidade voluntária. Em outras palavras, o Ego é quem vê o mundo, quem julga o que é real e quem detém a chave que permite aos músculos agirem. Nenhuma pulsão do Id pode chegar à ação motora sem a permissão — ou a negligência — do Ego.

Contudo, esse poder executivo vem acompanhado de uma servidão diplomática extenuante. O Ego está imprensado entre três senhores que lhe fazem exigências contraditórias e muitas vezes inconciliáveis. O Id clama por satisfação imediata das pulsões, indiferente às consequências; o Superego exige perfeição moral e impõe punições severas sob a forma de culpa; e a realidade externa impõe perigos físicos e barreiras sociais. A função sintética do Ego consiste em tentar harmonizar essas demandas, criando uma unidade coerente onde, na verdade, reina a fragmentação. Quando o Ego consegue mediar essas forças com sucesso, o resultado é uma conduta adaptada e um relativo equilíbrio emocional. Quando falha, o resultado é o sofrimento patológico.

O conflito entre o Ego e o Id é o mais fundamental e arcaico. O Id, sendo o reservatório das pulsões, opera exclusivamente pelo processo primário. Ele não conhece a lógica, o tempo ou a negação; conhece apenas a intensidade e a busca de descarga. Para o Id, o desejo de algo é equivalente à realidade de algo. Cabe ao Ego, munido do processo secundário (pensamento lógico e verbal), interpor um tempo de espera entre o desejo e a ação. O Ego deve "ligar" a energia móvel do Id, domesticá-la e decidir se a satisfação é segura e oportuna.

Quando o Ego percebe que uma moção pulsional do Id é perigosa — seja porque provocará uma punição real do mundo externo, seja porque violará os mandamentos internos do Superego —, ele gera um sinal de angústia. Na teoria estrutural, a angústia deixa de ser vista apenas como libido represada para assumir uma função de sinalização. É como uma sirene de alarme que o Ego dispara para mobilizar suas forças defensivas. Diante desse sinal de perigo, o princípio do prazer é paradoxalmente ativado para evitar o desprazer maior que viria da satisfação proibida. O Ego então lança mão dos mecanismos de defesa, como o recalque, a negação ou a projeção, para barrar o impulso. A neurose é, frequentemente, o cicatriz deixada por essa batalha: o sintoma é o monumento que atesta que o Ego teve de deformar a realidade ou a si mesmo para conter o Id.

Já o conflito entre o Ego e o Superego possui uma coloração afetiva distinta e devastadora. As funções do Superego desdobram-se em duas vertentes principais: a consciência moral e o ideal do ego. Enquanto consciência moral, o Superego atua como um juiz interno, vigiando as intenções e ações do Ego. Sua arma predileta é o sentimento de culpa. O aspecto trágico dessa relação, observado por Freud na clínica, é que o Superego ignora a distinção entre pensar e fazer. Para essa instância severa, desejar o mal a alguém é tão condenável quanto realizar o ato. Isso explica por que indivíduos de conduta exemplar podem ser atormentados por uma culpa inconsciente esmagadora: seu Superego os pune não pelos seus atos, mas pelos desejos agressivos ou sexuais que habitam o seu Id.

Na vertente do ideal do ego, o Superego apresenta ao sujeito um modelo de perfeição a ser alcançado, herdado das figuras parentais e das exigências culturais. A tensão entre o Ego real (como o sujeito se percebe) e o ideal do ego (como ele deveria ser) gera o sentimento de inferioridade e vergonha. A depressão e a melancolia são os quadros clínicos onde a tirania do Superego se revela em sua forma mais pura e letal. Nesses estados, o Superego trata o Ego com um sadismo atroz, bombardeando-o com acusações de indignidade e fracasso, podendo levar o sujeito, em casos extremos, à autodestruição como forma de expiação. Aqui, a cultura interna tornou-se um carrasco.

Existe ainda o conflito entre o Ego e a realidade externa. Embora o Ego seja o representante da realidade, há momentos em que a pressão do sofrimento é tão intensa que o sujeito opta por romper seus laços com o mundo objetivo. Se na neurose o Ego se submete à realidade e recalca o Id, na psicose o Ego pode ser arrastado pelo Id a ponto de reconstruir delirantemente a realidade. Nesse caso, a função de teste de realidade do Ego entra em colapso; ele alucina um mundo onde os desejos do Id são satisfeitos, pagando o preço da loucura para escapar da frustração intolerável.

Essa economia de forças revela que a "força do Ego" é o critério decisivo para a saúde mental. Um Ego forte não é aquele que aniquila as pulsões — tarefa impossível, pois o Id é a fonte de toda energia —, nem aquele que ignora a moralidade. Um Ego forte é aquele capaz de admitir a existência de seus desejos instintuais sem terror, capaz de modificar o mundo para satisfazê-los quando possível, e capaz de renunciar a eles ou sublimá-los quando necessário, sem sucumbir à angústia ou à culpa paralisante. A análise, ao fortalecer o Ego, visa transformar o que era medo cego em julgamento lúcido.

Importa notar que o Superego também desempenha funções vitais na manutenção do laço social e na transmissão da cultura. Sem essa instância, a civilização seria inviável, pois dependeria exclusivamente de uma polícia externa para conter a barbárie. O Superego é o representante interno da lei, permitindo que o indivíduo regule seu comportamento mesmo na ausência de vigilância. Ele é o veículo da tradição, dos valores éticos e das aspirações mais elevadas da humanidade. O problema, para a psicanálise, nunca é a existência da lei ou da moral, mas o caráter arcaico, feroz e irracional com que o Superego frequentemente aplica essa lei dentro do psiquismo individual.

Outra função crucial nessa dinâmica estrutural é a capacidade do Ego de realizar sínteses e identificações. O caráter de uma pessoa, aquilo que reconhecemos como sua personalidade estável, é, em grande medida, o precipitado das antigas batalhas entre essas instâncias. Os traços de caráter são, muitas vezes, defesas que se cristalizaram. Um homem excessivamente ordenado e meticuloso pode ter construído esse traço como uma muralha reativa contra as pulsões anais desordenadas do seu Id; uma mulher devotada ao sacrifício altruísta pode estar apaziguando um Superego exigente através da benevolência compulsiva. O caráter é a cicatriz endurecida do conflito psíquico.

O modelo dinâmico da segunda tópica nos ensina, portanto, que a paz interior é um conceito utópico se entendida como ausência de tensão. Viver é estar em tensão. O Id jamais cessa de desejar, o Superego jamais cessa de exigir e a realidade jamais cessa de impor obstáculos. O ser humano é, constitucionalmente, um ser em desequilíbrio, obrigado a reinventar sua estabilidade a cada novo desafio. A função do aparelho psíquico é gerir essa economia de prazer e desprazer da forma mais vantajosa possível.

Freud encerra sua teorização sobre a estrutura psíquica com uma nota de humildade antropológica. O Eu não é senhor em sua própria casa. Somos governados por forças que desconhecemos e servimos a propósitos que muitas vezes nos escapam. No entanto, é justamente na estreita margem de manobra do Ego, nessa capacidade de acender a luz da consciência sobre as trevas pulsionais e de negociar com os tiranos internos, que reside a nossa liberdade possível. O objetivo da psicanálise, traduzido para os termos da segunda tópica, é auxiliar o Ego nessa luta desigual, permitindo que, onde estava o Id (a paixão cega) e onde estava o Superego (a culpa cega), possa advir o Eu (a razão e a escolha). É essa implicação ética e cultural que nos conduzirá ao debate final sobre o lugar da psicanálise no mundo e o mal-estar inerente à civilização.

A arquitetura psíquica que acabamos de delinear, composta pelas instâncias em conflito do Id, Ego e Superego, não deve ser compreendida como um drama que se encerra nas fronteiras do indivíduo. A psicanálise, especialmente em sua fase madura, rompe com a ilusão de que a psicologia individual e a psicologia social são campos distintos. Na perspectiva freudiana, toda psicologia é, em essência, psicologia social, pois o Outro está sempre presente desde o início, seja como objeto de desejo, modelo de identificação, auxiliar ou adversário. As implicações da segunda tópica transbordam a clínica e oferecem uma chave de leitura indispensável para compreendermos a cultura, a política, a religião e o eterno mal-estar que acompanha a civilização.

Ao estendermos o modelo estrutural para a vida coletiva, percebemos que a cultura não é apenas um ambiente onde o sujeito vive, mas uma força que molda e habita a estrutura do sujeito, fundamentalmente através da constituição do Superego. O Superego não é uma invenção autônoma da criança; ele é construído a partir da internalização da autoridade parental. No entanto, Freud faz uma observação sagaz: os pais não educam os filhos apenas com base em seus próprios desejos ou no seu Ego, mas seguindo os mandamentos do seu próprio Superego. Assim, o Superego da criança não se modela apenas pelos pais reais, mas pelo Superego dos pais, tornando-se o veículo da tradição, dos valores e das leis que atravessam as gerações. É através dessa instância que o passado continua a viver no presente, garantindo a continuidade da civilização contra a efemeridade das vidas individuais e a anarquia das pulsões.

Essa transmissão, contudo, cobra um preço alto. A cultura exige, para sua existência e manutenção, uma renúncia pulsional constante. Para vivermos em sociedade, não podemos dar vazão livre aos impulsos agressivos e sexuais do Id. O mandamento de não matar, não roubar e não tomar a mulher do próximo não é natural; é uma imposição cultural que o Superego grava no interior do sujeito. O drama humano reside no fato de que o Id, como vimos, não evolui moralmente; ele permanece, ao longo de toda a vida, uma fonte de desejos primitivos e antissociais. O Ego, portanto, encontra-se espremido entre a pressão biológica de uma natureza que exige satisfação e a pressão cultural de um Superego que exige restrição.

Aqui reside a raiz psíquica daquilo que Freud chamou de o mal-estar na civilização. A infelicidade comum não é um acidente de percurso ou fruto de uma organização social defeituosa que poderia ser corrigida por uma utopia política; ela é estrutural. A segurança, a justiça e a ordem que a civilização oferece são compradas com a moeda da frustração pulsional. O sujeito civilizado troca uma parcela de felicidade (satisfação do Id) por uma parcela de segurança (proteção do Ego). O Superego é o agente dessa cobrança interna, vigiando o indivíduo com um rigor que nenhuma polícia externa conseguiria exercer. Quando a renúncia exigida é excessiva, o Ego enfraquece ou adoece, refugiando-se na neurose como forma de protesto silencioso contra a ditadura da cultura.

As implicações desse modelo tornam-se ainda mais visíveis e inquietantes quando analisamos a psicologia das massas. O que acontece quando indivíduos isolados se fundem em uma multidão, capaz de atos de heroísmo extremo ou de barbárie atroz que jamais cometeriam sozinhos? A estrutura psíquica fornece a explicação: a massa é um grupo de indivíduos que colocaram um mesmo objeto — o líder, a ideologia ou a causa — no lugar do seu Ideal do Ego.

Ao substituir o seu próprio ideal crítico pela figura do líder, os indivíduos da massa alienam a sua função de julgamento. O líder passa a ser o guardião da consciência moral. Ocorre uma espécie de paralisia do Superego individual, que é substituído pelo Superego compartilhado do grupo. Isso explica a sensação de onipotência e a ausência de responsabilidade pessoal que caracterizam o comportamento de manada. Sob a proteção da massa, as restrições morais individuais caem e o Id, liberado da vigilância habitual, pode manifestar sua crueldade ou seu entusiasmo desenfreado. O fanatismo, sob essa ótica, não é uma anomalia, mas uma possibilidade latente na estrutura de qualquer sujeito que, buscando alívio para a tensão de ser um indivíduo autônomo e culpado, dissolve-se na unidade imaginária do grupo.

Além disso, a dinâmica entre Id, Ego e Superego lança luz sobre a função das grandes instituições culturais, como a religião. Para Freud, a religião pode ser compreendida como uma neurose obsessiva universal da humanidade, nascida da mesma necessidade de proteção que a criança sente diante do desamparo. O conceito de Deus funciona como uma projeção da figura paterna exaltada, um Superego cósmico que promete proteção e amor em troca de obediência absoluta e renúncia aos instintos. A religião oferece um caminho para domesticar o Id e consolar o Ego diante dos sofrimentos da vida, mas o faz ao custo de manter o sujeito em uma posição de infantilidade psíquica, dependente de uma autoridade externa para regular sua conduta moral.

No entanto, a relação entre a estrutura psíquica e a cultura não é feita apenas de repressão e mal-estar. O Ego, em sua luta por sobrevivência e equilíbrio, possui também a capacidade criativa de sublimação. A sublimação é o processo pelo qual a energia das pulsões sexuais e agressivas do Id é desviada de seus objetivos originais e redirecionada para fins socialmente valorizados, como a arte, a ciência e o trabalho intelectual.

A civilização, em seus aspectos mais nobres, é construída sobre a sublimação. O artista, por exemplo, é aquele que consegue dar forma às suas fantasias inconscientes, permitindo que os desejos proibidos do Id encontrem uma expressão que não apenas é tolerada pelo Superego, mas admirada pela comunidade. A obra de arte funciona como um pacto secreto: ela permite ao criador e ao público desfrutarem, através da fantasia estética, daquilo que tiveram de renunciar na realidade. Nesse sentido, a cultura oferece válvulas de escape e mecanismos de compensação para a pressão das pulsões. A capacidade do Ego de sublimar é o que permite transformar a agressividade em debate democrático ou a curiosidade sexual em pesquisa científica.

Contudo, a teoria estrutural nos alerta para os perigos do que poderíamos chamar de Superego cultural. Assim como o indivíduo possui um Superego que o julga, a cultura desenvolve ideais coletivos e exigências éticas que pairam sobre a sociedade. Figuras históricas, santos e heróis estabelecem padrões de conduta que o Superego cultural impõe a todos os cidadãos. O perigo surge quando esses ideais tornam-se excessivamente elevados e distantes da realidade pulsional humana. O mandamento amarás o teu próximo como a ti mesmo, por exemplo, é visto por Freud não apenas como um ideal sublime, mas como uma exigência psiquicamente impossível de ser cumprida integralmente, dado o componente inato de agressividade humana. Ao impor metas inalcançáveis, o Superego cultural gera um sentimento difuso de culpa e inadequação na população, alimentando o ciclo de repressão e revolta.

A compreensão da tríade Id, Ego e Superego nos oferece, portanto, uma visão trágica, porém realista, da condição política e social humana. A harmonia perfeita, o paraíso na terra ou o novo homem livre de conflitos são ilusões perigosas, pois ignoram a constituição fundamental do aparelho psíquico. Enquanto houver o Id com suas exigências de prazer egoísta, e enquanto houver o Superego com suas exigências de sacrifício, o Ego estará condenado a negociar. A política e a cultura não são a solução para o conflito humano, mas a forma como administramos esse conflito insolúvel.

Reconhecer essa estrutura não leva ao pessimismo imobilizante, mas a uma ética da responsabilidade e da lucidez. Se o Eu não é senhor em sua própria casa, como dizia Freud, isso não significa que devamos entregar as chaves aos instintos ou à tirania moral. Significa que a tarefa da civilização, assim como a tarefa da análise, é interminável. Trata-se de um trabalho constante de alargar as fronteiras do Ego, de transformar a violência bruta em palavra e de criar espaços onde a satisfação pulsional e a convivência social possam coexistir, ainda que de forma precária e tensa.

Com esse entendimento de que o psiquismo é, em si mesmo, uma política interna de forças em guerra, estamos preparados para dar o passo final em nossa jornada. Se a estrutura do sujeito reflete e refrata a cultura, resta-nos perguntar: qual é o futuro dessa cultura à luz da psicanálise? Como o pensamento de Freud, nascido na Viena do século XIX, dialoga com os desafios do mundo contemporâneo, marcado pela aceleração, pelo consumo e pelas novas formas de sofrimento? É para essa reflexão sobre a atualidade e a ética da psicanálise que nos voltaremos no capítulo derradeiro.

Capítulo 6: Freud, cultura e atualidade da psicanálise

Ao expandirmos o horizonte da investigação psicanalítica para além das fronteiras da clínica individual, deparamo-nos com uma das facetas mais ambiciosas e contundentes do pensamento de Sigmund Freud: a sua teoria da cultura. É um erro comum supor que a psicanálise se restrinja ao espaço intimista do consultório ou à análise das neuroses privadas. Como estabelecemos ao final do capítulo anterior, a própria constituição do sujeito, com a formação do Superego e a internalização da lei, é um evento intrinsecamente social. Para Freud, a psicologia individual é, desde o início e simultaneamente, psicologia social, pois o ser humano só se torna humano na relação com o outro, sob o olhar do semelhante e sob o peso da lei.

A relação entre psicanálise e cultura não é, portanto, uma mera aplicação tardia de conceitos clínicos à sociologia, mas uma consequência lógica da descoberta do inconsciente. Se o homem é movido por pulsões sexuais e agressivas que buscam satisfação imediata, como é possível a vida em comunidade? Como surgiram as instituições, a moral, a religião e o Estado? A resposta de Freud é sóbria e destituída de qualquer idealismo romântico: a cultura é o resultado de uma coerção imposta à natureza animal do homem, uma construção frágil erguida sobre a renúncia pulsional.

Para compreender a gênese desse processo, Freud recorreu, em obras como Totem e Tabu, a um mito científico, uma narrativa especulativa baseada em hipóteses darwinianas sobre a horda primitiva. Imaginou um estado pré-social onde um pai violento e ciumento detinha o monopólio de todas as mulheres e expulsava os filhos homens à medida que cresciam. Esse pai primordial representava o gozo absoluto e a força bruta, sem lei e sem restrições. A virada civilizatória ocorre quando os filhos expulsos, movidos pelo ódio e pela inveja, mas também unidos por uma causa comum, retornam, matam e devoram o pai tirânico.

O ato do parricídio, contudo, não liberta os filhos para o gozo ilimitado que esperavam. Pelo contrário, após o crime, surge a ambivalência afetiva que é a marca do humano: eles odiavam o pai, mas também o admiravam e amavam. O remorso coletivo pelo ato cometido dá origem ao sentimento de culpa. Para expiar essa culpa e impedir que a matança se perpetue numa guerra de todos contra todos pela herança do pai, os irmãos estabelecem um pacto. Eles renunciam voluntariamente à posse das mulheres do clã (instituindo a proibição do incesto) e proíbem o assassinato dentro do grupo.

Nasce assim a lei, erguida sobre o túmulo do pai morto. O pai assassinado torna-se, simbolicamente, mais poderoso do que quando vivo, pois sua vontade agora é internalizada como proibição sagrada. A cultura começa, portanto, com um não. Ela é fundada sobre dois tabus primordiais: não matarás (o pai/o totem) e não cometerás incesto (com a mãe/as mulheres do clã). A moralidade, a religião e a organização social não são presentes divinos, mas aquisições históricas pagas com o preço da culpa e da renúncia aos instintos.

Dessa narrativa mítica, extraímos a definição freudiana de cultura (Kultur). O termo, na obra de Freud, abarca todo o saber e poder que os homens adquiriram para dominar as forças da natureza e extrair dela bens para a satisfação das necessidades humanas, mas também, e fundamentalmente, todos os regulamentos necessários para ajustar as relações dos homens entre si. A cultura tem, assim, uma dupla face: ela nos protege do aniquilamento pela natureza hostil (fome, frio, predadores), mas exige que regulemos nossa própria natureza interna, que é igualmente perigosa para a convivência.

O ser humano é, segundo essa visão, um animal que precisou domesticar-se a si mesmo. E essa domesticação é um processo contínuo e doloroso. A cada nova geração, a cultura precisa realizar novamente a tarefa titânica de transformar o pequeno "selvagem" perverso-polimorfo (a criança) em um cidadão civilizado. A educação é o instrumento dessa transmissão, forçando o Ego imaturo a abandonar o princípio do prazer em favor do princípio de realidade, trocando a satisfação imediata pela segurança e pela aceitação social.

Nesse cenário, a justiça é o primeiro requisito da cultura. A justiça não significa necessariamente igualdade ética, mas a garantia de que uma ordem legal, uma vez estabelecida, não será quebrada em favor de um indivíduo. A vida em comunidade só se torna possível quando uma maioria se reúne e se mostra mais forte do que qualquer indivíduo isolado, e quando essa maioria impõe uma lei que vale para todos. O poder da comunidade, que chamamos de Direito, opõe-se ao poder do indivíduo, que é condenado como força bruta. A liberdade individual, portanto, não é um bem da cultura; ela era máxima antes de qualquer civilização, embora fosse quase sem valor, pois o indivíduo dificilmente podia defendê-la. O desenvolvimento da cultura impõe restrições cada vez maiores a essa liberdade, e a justiça exige que ninguém seja poupado dessas restrições.

Contudo, a psicanálise alerta que essa renúncia nunca é total ou pacífica. As pulsões reprimidas não desaparecem; elas permanecem no inconsciente, exercendo pressão constante contra os diques da civilização. Isso gera uma hostilidade latente de cada indivíduo contra a cultura que o protege. O cidadão, no fundo de seu Id, ressente-se das proibições que o impedem de agredir seus rivais e de possuir sexualmente quem deseja. A cultura precisa, então, mobilizar grandes quantidades de energia psíquica para manter essas forças destrutivas sob controle. Ela utiliza mecanismos de identificação para criar laços afetivos entre os membros da sociedade (amizade, patriotismo, solidariedade) e desvia a agressividade para fora do grupo, contra inimigos externos ou bodes expiatórios.

Além disso, a cultura oferece satisfações substitutivas para compensar o sacrifício exigido. A arte é uma dessas conciliações magníficas, permitindo que os desejos recalcados sejam vividos na fantasia. A ciência e o trabalho intelectual oferecem vias de sublimação. Mas é na religião que Freud identifica uma das mais poderosas e problemáticas criações culturais. Em O Futuro de uma Ilusão, ele analisa a religião não como uma verdade teológica, mas como um fenômeno psíquico de massa. A religião nasce do desamparo infantil (Hilflosigkeit) do homem diante das forças terríveis da natureza e da inevitabilidade da morte.

Assim como a criança busca proteção na figura do pai, a humanidade cria a figura de um Deus onipotente e providencial para aplacar seus medos. A religião oferece consolo, atribui sentido ao sofrimento e promete uma justiça no além que compensa as privações desta vida. No entanto, Freud considera a religião uma "neurose obsessiva universal", uma etapa necessária, mas infantil, no desenvolvimento da humanidade. Ele defende que a cultura deve, gradualmente, abandonar essa proteção ilusória e encarar a realidade com as luzes da razão e da ciência (logos), aceitando a finitude e a falta de garantias cósmicas com resignação madura.

A visão de Freud sobre a cultura é, em suma, desprovida de ilusões progressistas. O progresso tecnológico e material não garante o progresso moral ou a felicidade. Pelo contrário, quanto mais complexa a civilização, maior a exigência de renúncia e maior a tensão interna. O homem moderno tornou-se, na célebre expressão freudiana, um "deus de prótese": munido de tecnologia, ele é magnificente em seus órgãos artificiais, mas essas próteses não cresceram com ele e, por vezes, causam-lhe muito incômodo.

A psicanálise revela que a cultura não é apenas um manto externo que vestimos, mas um campo de batalha interno. Somos habitados pela cultura através do Superego, mas somos também habitados por algo que resiste a ela. Essa resistência não é apenas uma falha de adaptação, mas uma característica estrutural da condição humana. A promessa de que a civilização traria felicidade universal revela-se falaciosa, pois a economia da libido é avessa à padronização social. É precisamente nessa fenda incurável entre as exigências da pulsão e as demandas da sociedade que floresce o tema que ocupará nossa atenção a seguir: o mal-estar inerente a qualquer projeto civilizatório e as consequências éticas dessa constatação para o mundo contemporâneo.

Diante do panorama traçado sobre a constituição da cultura, torna-se inevitável confrontar a questão central que Freud abordou em seu texto de 1930, O Mal-estar na Civilização. Se a cultura é o instrumento criado para proteger o ser humano e elevar sua condição acima da animalidade, por que ela é sentida tantas vezes como um fardo opressivo? Por que a promessa de progresso e segurança não resultou em um estado de felicidade plena? A resposta freudiana, destituída de qualquer consolo ingênuo, é que a felicidade não faz parte do plano da Criação. O que chamamos de felicidade, no sentido estrito da economia libidinal, resulta da satisfação súbita de necessidades represadas e é, por sua própria natureza, um fenômeno episódico. A prolongação de uma situação desejada gera apenas um conforto morno, não o êxtase do prazer.

O sofrimento, por outro lado, nos ameaça a partir de três direções constantes: a partir do nosso próprio corpo, condenado à decadência e à dissolução; a partir do mundo externo, que pode voltar-se contra nós com forças de destruição esmagadoras; e, finalmente, a partir de nossos relacionamentos com outros seres humanos. Desta terceira fonte, talvez a mais dolorosa de todas, brota o mal-estar específico da vida em sociedade. Somos levados a crer que, se pudéssemos reformar as instituições, eliminar a injustiça e reorganizar a distribuição de bens, eliminaríamos o sofrimento social. Freud, contudo, adota uma postura cética. Embora reconheça a importância das melhorias sociais, ele identifica um obstáculo que nenhuma reforma política pode remover inteiramente: a constituição pulsional do ser humano.

Aqui retomamos o conceito de pulsão de morte e a agressividade inata, discutidos no terceiro capítulo. O ser humano não é, como gostaria a filosofia humanista ou a crença religiosa, uma criatura gentil que deseja ser amada e que apenas se defende quando atacada. Ele é, pelo contrário, uma criatura que traz em sua dotação instintiva uma cota considerável de agressividade. O próximo não representa apenas um possível ajudante ou objeto sexual; ele é também uma tentação para satisfazer a agressividade, para explorar sua força de trabalho sem recompensa, para usá-lo sexualmente sem o seu consentimento, para apoderar-se de suas posses, para humilhá-lo, causar-lhe dor, torturá-lo e matá-lo. Homo homini lupus — o homem é o lobo do homem. Quem, em face de todas as experiências da vida e da história, teria a coragem de contestar essa asserção?

A civilização tem de despender esforços supremos para colocar limites a esses instintos agressivos e manter as manifestações deles sob controle. Daí o recurso a métodos destinados a incitar os homens a identificações e relacionamentos amorosos inibidos em sua finalidade; daí a restrição à vida sexual; e daí, também, o mandamento ideal de amar ao próximo como a si mesmo. Esse mandamento é, para a psicanálise, o exemplo supremo da defesa cultural contra a agressividade humana: ele é tão enfaticamente exigido justamente porque vai na contramão da natureza instintiva original. A cultura tenta, desesperadamente, fazer com que o instinto de vida (Eros) prevaleça sobre o instinto de morte (Thanatos), unindo os indivíduos em grupos cada vez maiores.

No entanto, o preço dessa união é a transformação da agressividade externa em culpa interna. Como vimos ao analisar a formação do Superego, a agressividade que é impedida de ser descarregada contra o vizinho ou o rival é introjetada, voltando-se para dentro, contra o próprio Ego. A tensão entre o Superego severo e o Ego submisso é o que chamamos de sentimento de culpa. A civilização, portanto, obtém o domínio sobre o perigoso desejo de agressão do indivíduo enfraquecendo-o, desarmando-o e estabelecendo no seu interior uma autoridade para vigiá-lo, como uma guarnição numa cidade conquistada.

O resultado dessa operação econômica é o mal-estar (Unbehagen). Este termo não designa uma doença passageira, mas um desconforto estrutural, uma inadequação fundamental. O homem civilizado trocou uma parcela de sua possibilidade de felicidade por uma parcela de segurança. Na horda primitiva, a liberdade para agredir e gozar era máxima, mas a segurança de vida era mínima; na civilização moderna, a segurança é maior, mas a liberdade pulsional é drasticamente cerceada. Esse comércio deficitário gera uma hostilidade permanente, muitas vezes inconsciente, contra as restrições culturais. Vemos isso manifestar-se no que Freud chamou de narcisismo das pequenas diferenças, onde comunidades vizinhas e semelhantes cultivam rivalidades ferozes e ridículas apenas para satisfazer sua necessidade de agressão e afirmar sua identidade separada.

Diante desse diagnóstico sombrio, qual é a proposta ética da psicanálise? Freud nunca se arvorou em profeta ou legislador moral. Ele se recusava a oferecer conselhos de vida ou a prescrever o caminho para a virtude. No entanto, existe uma ética implícita na prática analítica, uma ética que se distingue radicalmente das morais religiosas ou filosóficas tradicionais. A ética freudiana não é uma ética do ideal, mas uma ética do real; não se trata de dizer ao homem como ele deve ser, mas de levá-lo a reconhecer o que ele é.

A moral tradicional exige que o sujeito suprima seus maus instintos e se esforce para alcançar um ideal de bondade, muitas vezes gerando hipocrisia ou neurose. A ética da psicanálise convida o sujeito a responsabilizar-se pelo seu desejo, inclusive por aquelas partes de si mesmo que lhe parecem estranhas ou repugnantes. Reconhecer que "eu sou também isso" — que em mim habitam desejos de morte, de incesto, de dominação e de perversão — não significa dar carta branca para atuar esses impulsos na realidade. Pelo contrário, o reconhecimento consciente é a única via segura para o controle. Aquele que nega sua própria agressividade é quem corre o maior risco de atuar violentamente de forma cega, projetando o mal no outro para poder destruí-lo com a consciência limpa.

A fórmula célebre que Freud propõe ao final de sua obra, Wo Es war, soll Ich werden (Onde era Id, deve tornar-se Ego), resume essa postura ética. Não se trata de eliminar o Id, o que seria eliminar a vida, nem de submeter-se tiranicamente ao Superego. Trata-se de um trabalho de apropriação e integração. O sujeito deve desalojar o automatismo cego das pulsões e a repetição das defesas para instalar, naquele lugar, a soberania possível do Eu. É um convite a sair da posição infantil de quem se queixa do destino ou dos outros, para assumir a autoria de sua própria história, com todas as suas limitações e conflitos.

A ética freudiana é, em última análise, uma ética da honestidade e da coragem. Ela exige que abandonemos a ilusão de uma harmonia total, de um mundo sem conflitos ou de um ser humano puramente bom. Aceitar o mal-estar como componente inelidível da existência não é pessimismo, mas um realismo que liberta. Ao deixarmos de perseguir a miragem de uma felicidade impossível e contínua, tornamo-nos capazes de usufruir das felicidades parciais e possíveis. Ao reconhecermos a agressividade em nós, tornamo-nos menos propensos ao fanatismo que demoniza o diferente.

A psicanálise não promete a cura da condição humana, pois ser humano é, por definição, ser clivado, faltoso e desejante. O que ela oferece é a possibilidade de transformar o sofrimento neurótico — aquele que é estéril, repetitivo e paralisante — em infelicidade comum, ou seja, nos desafios normais da vida que podem ser enfrentados com dignidade e trabalho. É uma aposta na capacidade do Eros de, mesmo diante da força desagregadora de Thanatos, continuar tecendo laços, criando cultura e sustentando a vida, não por ignorância do perigo, mas apesar dele. É com essa lucidez desassombrada que o pensamento de Freud atravessa o século e chega até nós, interpelando o homem contemporâneo em suas novas formas de mal-estar.

Quase um século nos separa do momento em que Freud depositou a pena após descrever o mal-estar inerente à civilização, e é legítimo que nos perguntemos: até que ponto as teorias elaboradas por um médico vienense na virada do século XX ainda possuem validade para explicar o sofrimento do homem contemporâneo? Vivemos em um mundo radicalmente transformado pela tecnologia digital, pela revolução sexual, pela neurociência e pela aceleração vertiginosa dos tempos. A sociedade vitoriana, com sua moral rígida, seus espartilhos e seu silêncio sobre o sexo — o solo onde a psicanálise germinou — parece ter desaparecido. No entanto, ao escutarmos com atenção os queixumes que chegam hoje aos consultórios, percebemos que a atualidade do pensamento de Freud não reside na preservação intacta de cada parágrafo de sua obra, mas na persistência indestrutível dos conflitos fundamentais que ele desvelou. O cenário mudou, as roupas mudaram, mas a estrutura do drama humano permanece assombrosamente a mesma.

A primeira vista, poderia parecer que a psicanálise perdeu seu objeto. Se Freud descreveu neuroses causadas pela repressão sexual excessiva, o que dizer de uma época onde a sexualidade é exposta, incentivada e consumida como mercadoria em cada tela de smartphone? Aparentemente, libertamo-nos das amarras que geravam as histerias clássicas. Contudo, a clínica contemporânea revela um paradoxo cruel: a liberação dos costumes não aboliu o sofrimento psíquico, apenas deslocou o seu eixo. Se antigamente o Superego operava sob a lógica da proibição — Tu não deves gozar —, hoje ele opera sob a lógica, talvez ainda mais feroz, da injunção — Tu deves gozar.

O sujeito contemporâneo não é mais atormentado pela culpa de desejar o proibido, mas pela angústia de não ser suficientemente feliz, produtivo e realizado. A obrigação de ser feliz, exibida nas vitrines das redes sociais, transformou-se em um fardo. Onde antes havia o medo da punição, hoje há o sentimento de insuficiência e de vazio. A depressão, que se tornou a epidemia do nosso tempo, pode ser lida sob a ótica da segunda tópica freudiana não apenas como uma tristeza profunda, mas como um colapso do Ego diante de um Ideal do Ego inalcançável. O indivíduo sente-se fracassado não por ter pecado, mas por não ter correspondido à imagem de sucesso e plenitude que a cultura lhe impõe. Freud, portanto, continua atualíssimo ao nos fornecer as ferramentas para diagnosticar que a tirania do ideal pode ser tão devastadora quanto a tirania da moral.

Além disso, a aceleração tecnológica impôs novos desafios à economia libidinal que descrevemos nos capítulos anteriores. O princípio do prazer, que busca a satisfação imediata e o menor esforço, encontrou na tecnologia digital o seu aliado perfeito e perigoso. A internet, os algoritmos e a cultura do clique oferecem a ilusão de um mundo sem espera, onde o objeto de desejo está a um toque de distância. Isso enfraquece a função essencial do Ego de tolerar a frustração e adiar a satisfação. O resultado é uma infantilização psíquica generalizada, onde sujeitos adultos reagem com fúria narcísica diante da menor contrariedade, incapazes de suportar o tempo necessário para a construção de laços reais ou de projetos de longo prazo.

Nesse contexto, o conceito de narcisismo ganha uma relevância renovada. As telas digitais funcionam como espelhos de água onde, tal como no mito grego, o sujeito corre o risco de afogar-se na própria imagem. A cultura da selfie e da autopromoção constante não é um sinal de amor próprio excessivo, mas, como Freud nos ensinou, muitas vezes encobre uma fragilidade estrutural do eu. Busca-se desesperadamente a validação do olhar do outro — traduzida em likes e visualizações — para sustentar uma identidade precária. A agressividade nas redes sociais, o cancelamento e a polarização extrema são manifestações claras do narcisismo das pequenas diferenças e da projeção de uma hostilidade interna que não encontra canais adequados de sublimação.

Outro ponto onde a psicanálise se mostra uma resistência necessária é diante da biologização total da existência. O avanço das neurociências e da psicofarmacologia trouxe alívios inegáveis para o sofrimento humano, mas trouxe também o risco de reduzir o sujeito ao seu organismo. A tendência contemporânea de tratar qualquer angústia, tristeza ou luto como um desequilíbrio químico a ser corrigido por pílulas ignora a dimensão simbólica do sintoma.

Ao propor que o sintoma tem um sentido e carrega uma verdade sobre o desejo do sujeito, a psicanálise opõe-se à ideia de que somos máquinas quebradas precisando de reparo. Freud nos lembra que silenciar o sintoma sem escutar sua mensagem é condenar o sujeito a repetir seu destino de formas ainda mais dolorosas. Num mundo que busca soluções rápidas e técnicas para as dores da alma, a psicanálise sustenta a importância do tempo, da palavra e da singularidade da história de cada um. Ela afirma que não existe uma pílula para a falta de sentido ou para as dores do amor.

A atualidade de Freud reside também na sua coragem de encarar o desamparo humano sem oferecer consolos mágicos. Em uma época marcada pelo retorno de fundamentalismos religiosos e políticos, que prometem ordem e salvação em troca de submissão cega, a advertência freudiana sobre a psicologia das massas ressoa como um alerta de emergência. A tendência de buscar um pai salvador, de dissolver a responsabilidade individual na massa e de projetar o mal em um inimigo externo continua a ser o mecanismo padrão das crises sociais. Ler Freud hoje é vacinar-se contra a sedução dos líderes carismáticos e entender que a barbárie não é um acidente histórico superado, mas uma possibilidade latente que habita o nosso próprio inconsciente.

Não podemos ignorar, tampouco, as novas configurações familiares e de gênero que desafiam as descrições clássicas do complexo de Édipo. Críticos apontam que a teoria freudiana estaria presa ao modelo patriarcal burguês. No entanto, psicanalistas contemporâneos têm demonstrado que os conceitos de Freud — se lidos não como normas sociais, mas como funções lógicas — permanecem operantes. A função paterna, por exemplo, não depende da presença de um homem biológico, mas da existência de um terceiro elemento que introduza a lei e separe a criança da fusão com a mãe, abrindo caminho para o desejo. A psicanálise tem se mostrado capaz de escutar e acolher as novas formas de amar e de constituir família, não para julgá-las, mas para entender como o sujeito se estrutura diante da diferença sexual e da castração, independentemente da anatomia ou da orientação.

Por fim, o legado de Freud permanece vivo na própria ideia de que não somos senhores em nossa própria casa. Essa ferida narcísica continua a sangrar. A ilusão contemporânea de controle total — seja através do biohacking, do gerenciamento empresarial da vida ou da crença na inteligência artificial como oráculo — choca-se constantemente com a realidade do inconsciente. Os atos falhos continuam a ocorrer, os sonhos continuam a trazer mensagens enigmáticas e o corpo continua a adoecer por razões que a medicina não alcança. O inconsciente é o limite irremediável da nossa pretensão de domínio.

A psicanálise no século XXI, portanto, não é um museu de ideias antigas, mas uma prática de resistência ética. Em um mundo de ruído incessante, ela oferece um espaço de silêncio e escuta. Em um mundo de imperativos de gozo e performance, ela oferece a possibilidade de reconhecer a própria falta e o próprio desejo. Em um mundo que tenta transformar o sujeito em objeto — seja objeto de consumo ou objeto de dados —, ela aposta na dignidade da palavra.

Ao encerrarmos este percurso pelos fundamentos da psicanálise, fica claro que Freud não nos entregou um sistema fechado ou uma verdade revelada, mas um método de investigação e uma postura diante da vida. Aceitar o convite freudiano é aceitar olhar para as nossas sombras sem recuar, reconhecendo que a civilização é uma construção precária e que a nossa humanidade reside, justamente, na nossa capacidade de transformar a pulsão bruta em laço social, arte e pensamento. Enquanto houver um ser humano que sofre e que se interroga sobre o sentido de sua dor, a psicanálise terá algo a dizer. Onde era Id, deve tornar-se Ego — essa tarefa, infinita e necessária, continua a ser o horizonte ético para o qual Freud nos aponta, ontem, hoje e amanhã.

Did you love *FREUD EXPLICADO: Fundamentos da Psicanálise*? Then you should read *Jung Explicado: Fundamentos da Psicologia Analítica*[1] by Deivede Eder Ferreira!

[2]

Jung Explicado: Fundamentos da Psicologia Analítica é uma introdução rigorosa e acessível ao pensamento de Carl Gustav Jung, um dos autores mais influentes da psicologia profunda. Distante de leituras místicas ou simplificações populares, este livro apresenta os conceitos centrais da Psicologia Analítica com precisão teórica, clareza didática e maturidade intelectual.

Ao longo da obra, o leitor é conduzido pela formação histórica do pensamento junguiano, sua relação e ruptura com Freud, e a construção de noções fundamentais como ego, inconsciente pessoal, inconsciente coletivo, complexos, arquétipos, sombra, persona e processo de

1. https://books2read.com/u/4jV7X5

2. https://books2read.com/u/4jV7X5

individuação. Cada conceito é desenvolvido de forma progressiva, contextualizado historicamente e articulado com a experiência humana, sem recorrer a fórmulas terapêuticas ou promessas de autoajuda.

Escrito para estudantes, profissionais da área e leitores interessados em psicologia, psicanálise e filosofia, este livro oferece uma leitura sólida e confiável de Jung, preservando a complexidade de seu pensamento sem torná-lo inacessível. Trata-se de uma obra introdutória no melhor sentido do termo: aquela que abre caminhos, organiza o campo conceitual e prepara o leitor para aprofundamentos posteriores.

Integrando a coleção **Clássicos da Psicanálise — Autores Explicados**, este volume reafirma o compromisso editorial com a transmissão responsável do pensamento psicanalítico e psicológico, respeitando a tradição teórica e o leitor contemporâneo.

Also by Deivede Eder Ferreira

Behind the Theory: The Lives of the Great Psychoanalysts
Freud — The Definitive Biography: The True Story of the Father of Psychoanalysis

Clássicos da Psicanálise — Autores Explicados
FREUD EXPLICADO: Fundamentos da Psicanálise
Jung Explicado: Fundamentos da Psicologia Analítica

Entre Quatro Paredes — Diálogos Essenciais
Entre quatro Paredes: Um Diálogo entre Freud e Sartre

O teatro silencioso da vida
Segredos Ocultos: Entre a Esposa e o Cunhado

Últimos Dias dos Grandes Pensadores
Sócrates: O Último Amanhecer
Platão: Quando o Mestre Silenciou

Aristóteles: O Nascimento do Método

Standalone

Psychoanalysis

The Quantum Switch: How to Shift Your Inner Reality

Does the Unconscious Desire Determine the Way We Die?: The New Theory of Phantasmatic Death

سقراط: الفجر الأخير

SUPÉRALO DE UNA VEZ: Libérate de tu ex y recupera tu paz

Psikanalize Giriş

www.ingramcontent.com/pod-product-compliance
Lightning Source LLC
LaVergne TN
LVHW090426210926
848480LV00002B/708

* 9 7 9 8 2 3 2 2 6 2 2 3 5 *